Tobi

Arbeitsheft
zum Erstlesebuch

von

Wilfried Metze

mit Illustrationen von

Burkhard Kracke
Petra Probst
Silke Voigt

Cornelsen

Reime

1 EINFÜHRUNG Bilder von Reimwörtern miteinander verbinden;
DIFF eigene Reime gemeinsam finden – ein Kind nennt einen Begriff (z.B. von dieser Seite), ein anderes Kind sucht ein passendes Reimwort und ist als nächstes dran – P/G

1 EINFÜHRUNG Bildwörter nach Silben getrennt sprechen, verbunden mit Silbenschwingen oder -klatschen; Bilder mit dem passenden Kasten
verbinden; DIFF entsprechende Bildkärtchen in Kästen sortieren – P/G

3

L l

e | o

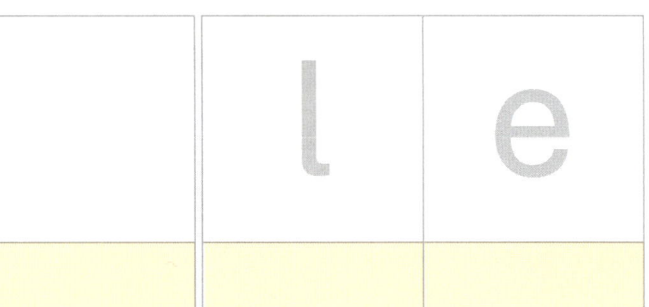

l | e

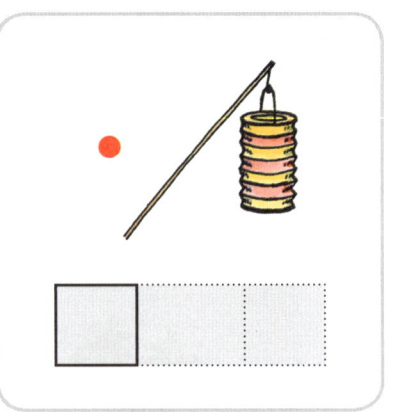

1 EINFÜHRUNG Buchstabenkärtchen von Klebebogen 1 ausschneiden, Anfangsbuchstaben der Namen finden, Namen legen, Namen kleben

2 EINFÜHRUNG Bildwörter nach dem Anlaut abhören; unter die Bilder, deren Wort mit dem L/l-Laut beginnt, den Buchstaben L schreiben

 Lineal

 Lampe

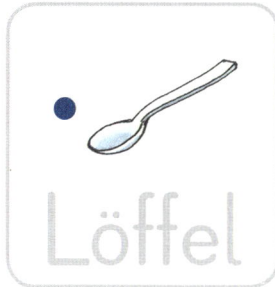 Löffel

 Esel

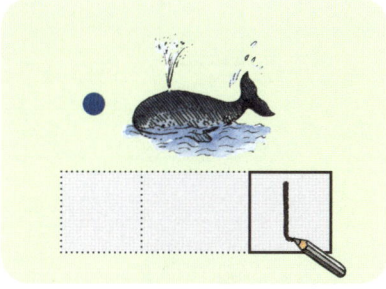

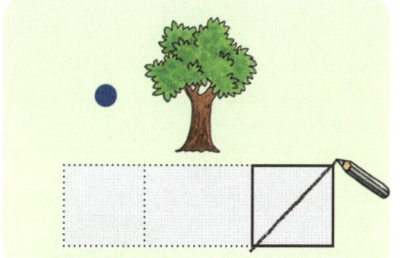

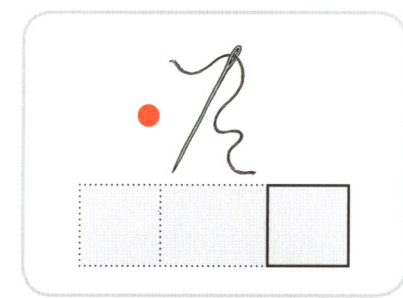

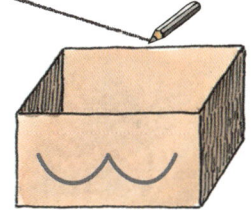

1 EINFÜHRUNG Buchstaben L und l nachspuren
2 EINFÜHRUNG Bildwörter nach dem Endlaut abhören; unter die Bilder, deren Wort mit dem L/l-Laut endet, den Buchstaben l schreiben
3 Bildwörter nach Silben getrennt sprechen, verbunden mit Silbenschwingen oder -klatschen; Bilder mit dem passenden Kasten verbinden

O o

1

O

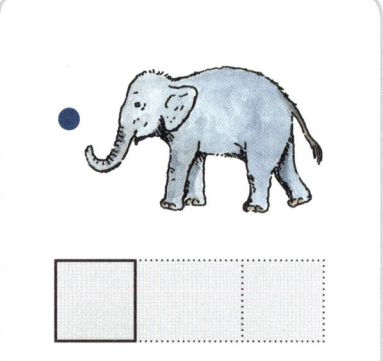

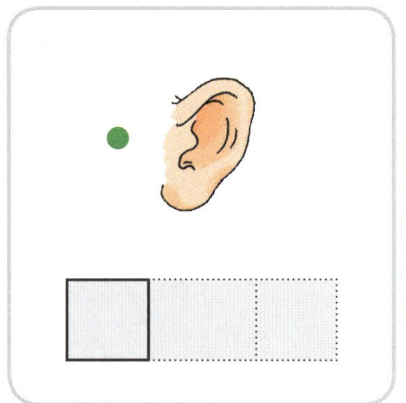

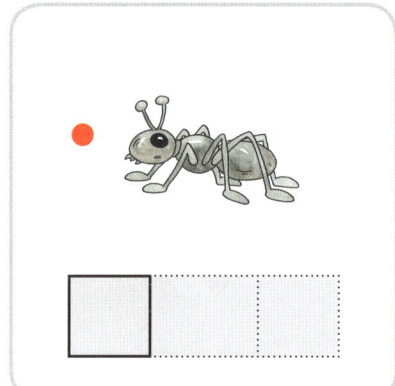

2

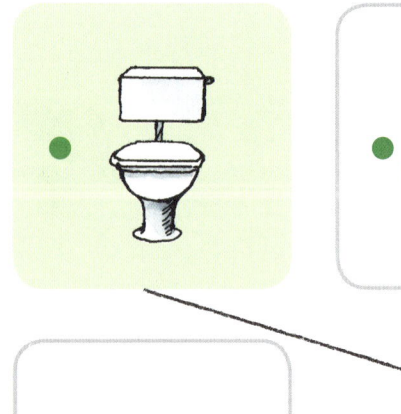

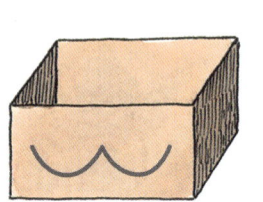

1 Bildwörter nach dem Anlaut abhören; unter die Bilder, deren Wort mit dem langen O/o-Laut beginnt, den Buchstaben O schreiben
2 Bildwörter nach Silben getrennt sprechen, verbunden mit Silbenschwingen oder -klatschen; Bilder mit dem passenden Kasten verbinden

 1

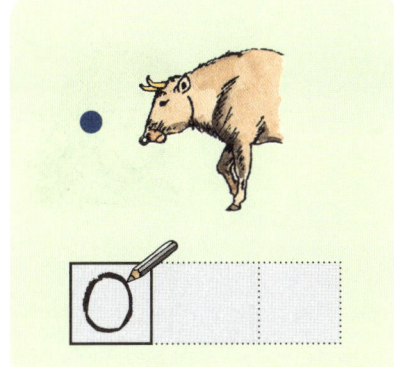

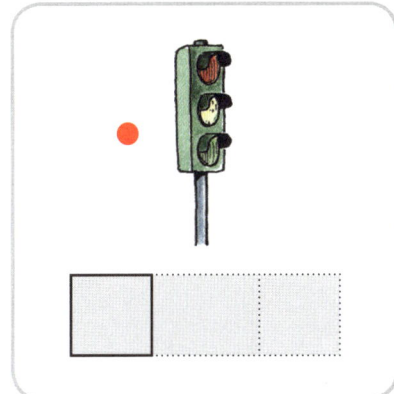

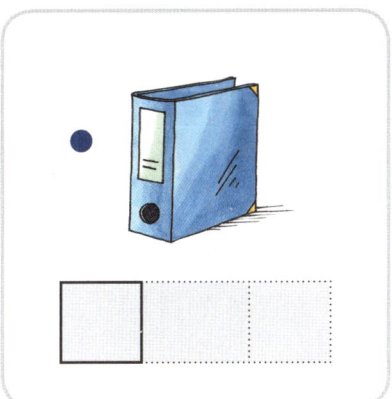

 **2**

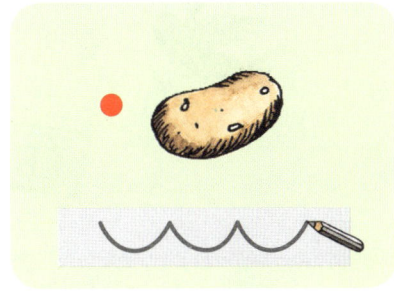

1 Bildwörter nach dem Anlaut abhören; unter die Bilder, deren Wort mit dem kurzen O/o-Laut beginnt, den Buchstaben O schreiben
2 EINFÜHRUNG Bildwörter nach Silben getrennt sprechen, verbunden mit Silbenschwingen oder -klatschen; Silbenbögen zeichnen
DIFF ein Kind schwingt/klatscht die Silben, das Partnerkind zeichnet die Bögen – P

E e

1

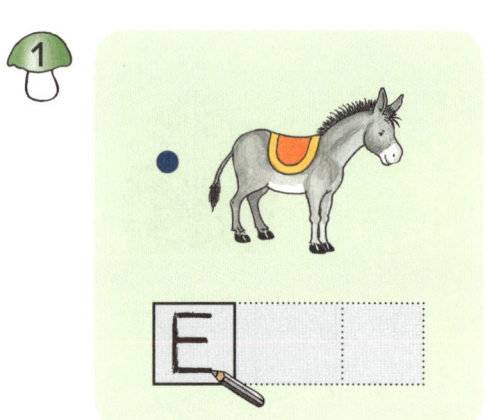

E

2

Leo

Le o

Le

1 Bildwörter nach dem Anlaut abhören; unter die Bilder, deren Wort mit dem langen E/e-Laut beginnt, den Buchstaben E schreiben

2 EINFÜHRUNG Bildwörter nach der Anfangssilbe Le- (langes e) abhören; beginnt ein Wort mit Le-, Bild ankreuzen

E e

1

E

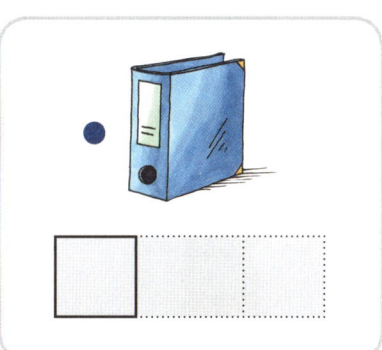

2

e

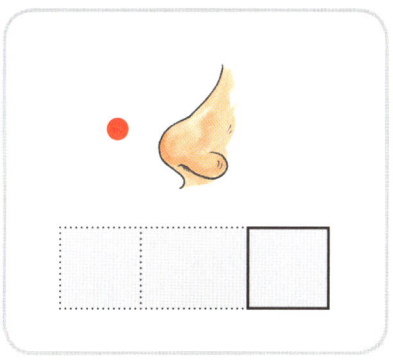

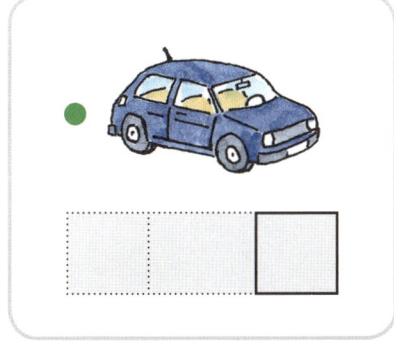

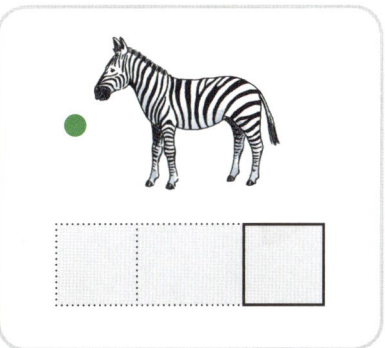

1 Bildwörter nach dem Anlaut abhören; unter die Bilder, deren Wort mit dem kurzen E/e-Laut beginnt, den Buchstaben E schreiben
2 Bildwörter nach dem Endlaut abhören; unter die Bilder, deren Wort mit dem kurzen E/e-Laut endet, den Buchstaben e schreiben

1

2

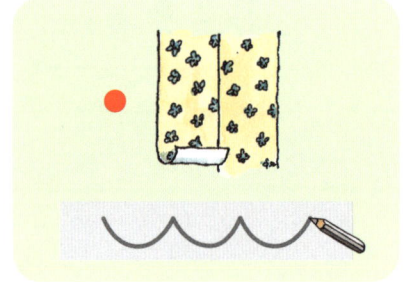

3

Esel

Besen

Ente

Mantel

1 EINFÜHRUNG Bildwörter auf die Endsilbe -le abhören; endet das Wort mit -le, Bild ankreuzen
2 Bildwörter nach Silben getrennt sprechen, verbunden mit Silbenschwingen oder -klatschen; Silbenbögen zeichnen
3 Buchstaben E und e nachspuren

A a

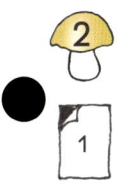

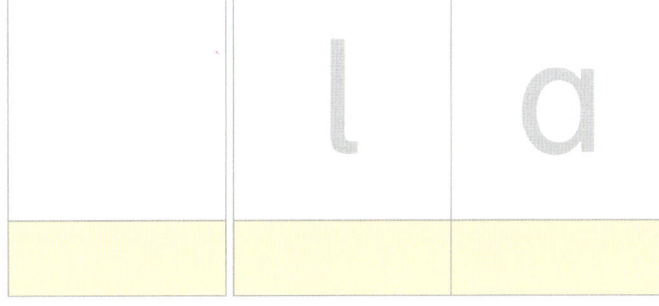

	l	a

	l	o

1 Bilder von Reimwörtern miteinander verbinden; DIFF eigene Reime gemeinsam finden – P/G
2 Buchstabenkärtchen von Klebebogen 1 ausschneiden, Anfangsbuchstaben der Namen finden, Namen legen, Namen kleben

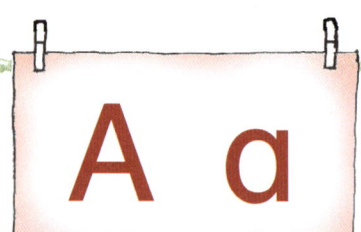

 1

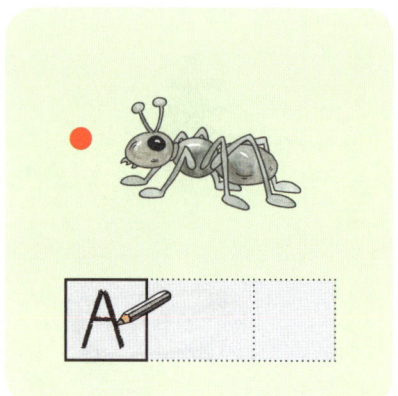

A

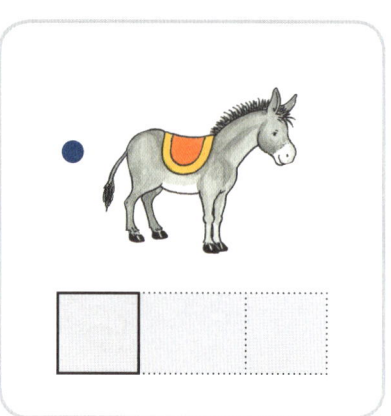

 2

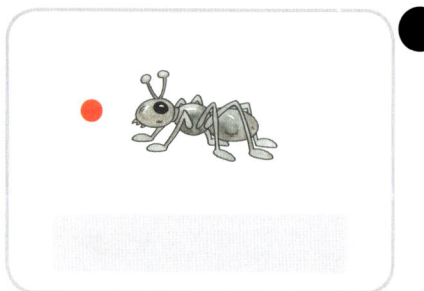

1 Bildwörter nach dem Anlaut abhören; unter die Bilder, deren Wort mit dem langen A/a-Laut beginnt, den Buchstaben A schreiben
2 Bildwörter nach Silben getrennt sprechen, verbunden mit Silbenschwingen oder -klatschen; Silbenbögen zeichnen

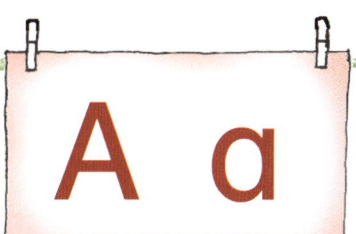

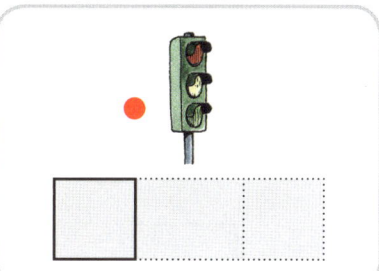

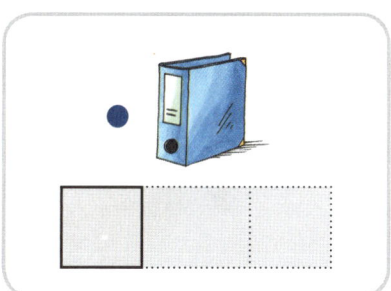

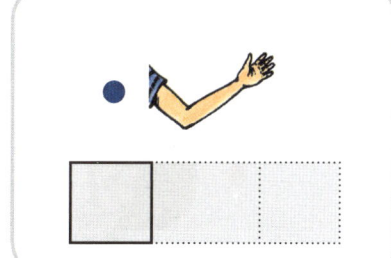

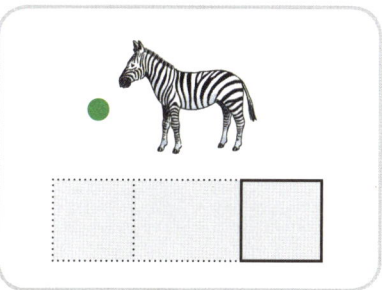

Ananas

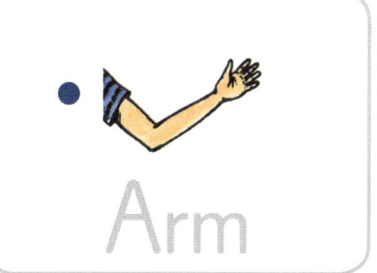

Arm

Lama

1 Bildwörter nach dem Anlaut abhören; unter die Bilder, deren Wort mit dem kurzen A/a-Laut beginnt, den Buchstaben A schreiben
2 Bildwörter nach dem Endlaut abhören; unter die Bilder, deren Wort mit dem kurzen A/a-Laut endet, den Buchstaben a schreiben
3 Buchstaben A und a nachspuren

13

 1

M

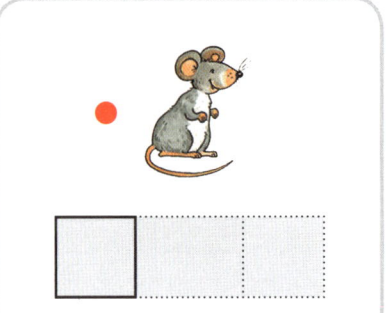

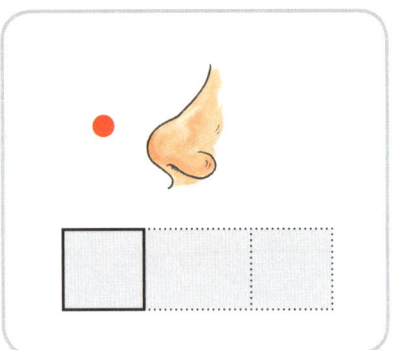

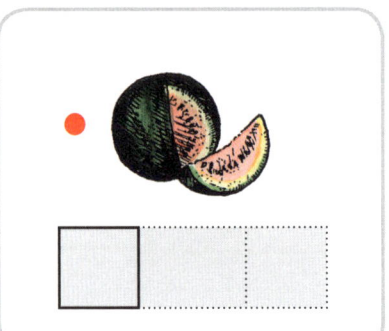

 2

m

1 Bildwörter nach dem Anlaut abhören; unter die Bilder, deren Wort mit dem M/m-Laut beginnt, den Buchstaben M schreiben
2 EINFÜHRUNG Bildwörter nach dem Inlaut abhören; unter die Bilder, bei denen im Inlaut ein M/m-Laut zu hören ist, den Buchstaben m schreiben

1

Mama

Melone

Murmel

2

MAMA

 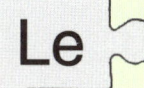

 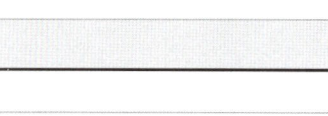

3

 Le

 lo

 E

 o Leo

 O

 la

 A

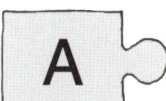 ma

1 Buchstaben M und m nachspuren
2 EINFÜHRUNG Anlautbuchstaben unter die Bilder schreiben; Wörter erlesen, passende Bilder vom Klebebogen 2 dazu kleben
3 EINFÜHRUNG Passende Silben miteinander verbinden, das entsprechende Wort schreiben

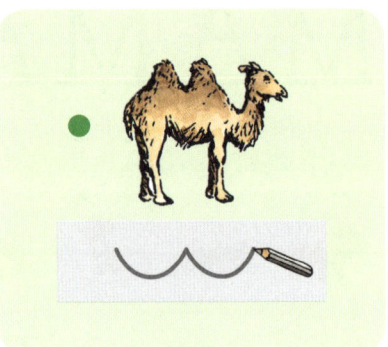  

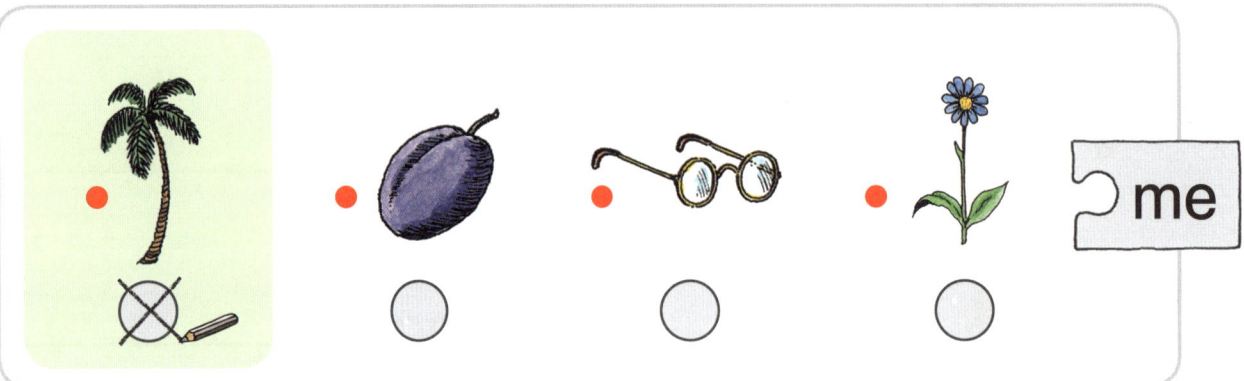

me

1 Bilder von Reimwörtern miteinander verbinden; DIFF eigene Reime gemeinsam finden – P/G
2 Bildwörter nach Silben getrennt sprechen, verbunden mit Silbenschwingen oder -klatschen; Silbenbögen zeichnen
3 Bildwörter auf die Endsilbe -me (kurzes e) abhören; endet das Wort damit, Bild ankreuzen

P p

 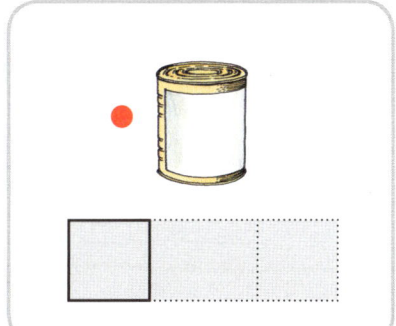 

1 Bildwörter nach dem Anlaut abhören; unter die Bilder, deren Wort mit dem P/p-Laut beginnt, den Buchstaben P schreiben

2 Anlautbuchstaben unter die Bilder schreiben; Wörter erlesen, passende Bilder vom Klebebogen 2 dazu kleben

3 Bildwörter nach dem Inlaut abhören; unter die Bilder, bei denen im Inlaut ein P/p-Laut zu hören ist, den Buchstaben p schreiben

Lupe

Pilot

Pappe

Pilz

m

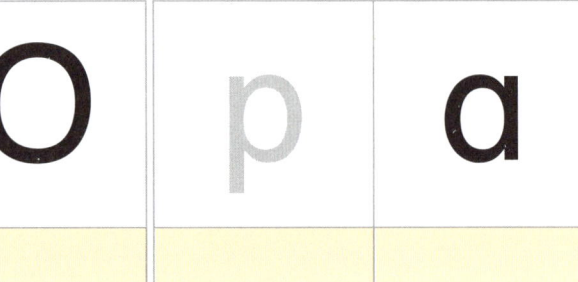

O p a

O m a

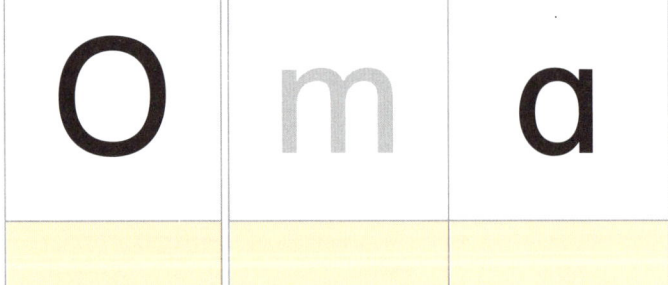

M o m o

1 Buchstaben P und p nachspuren
2 EINFÜHRUNG Wörter erlesen, angegebene Namen durch Überkleben richtigstellen

1

 ● ⊗  ● ○  ● ○  ● ○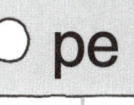

2

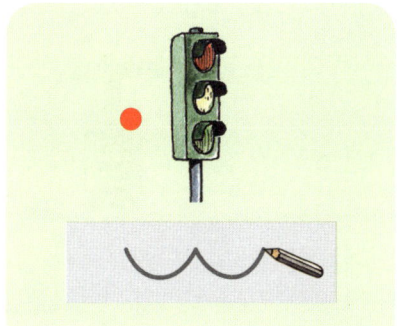 ●

 ●

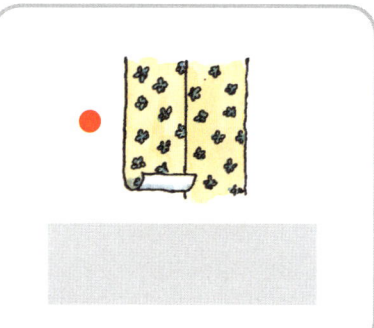 ●

3

●  **Pa** —  **pe**

●  **Pal** 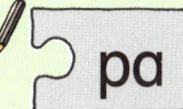 **pa** **Papa**

●  **Lam**  **me**

●  **La** **ma**

1 Bildwörter auf die Endsilbe -pe abhören; endet das Wort mit -pe, Bild ankreuzen
2 Bildwörter nach Silben getrennt sprechen, verbunden mit Silbenschwingen oder -klatschen; Silbenbögen zeichnen
3 Passende Silben miteinander verbinden, das entsprechende Wort schreiben
TEST 1 (Das kann ich schon)

N n

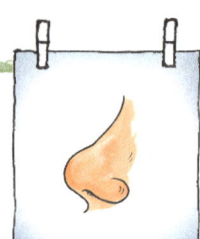

1

N

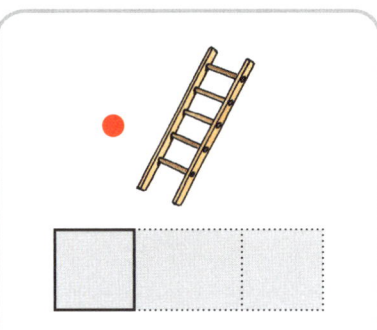

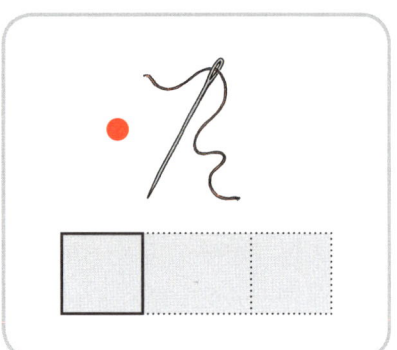

2

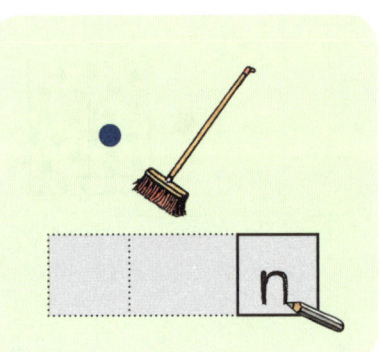

n

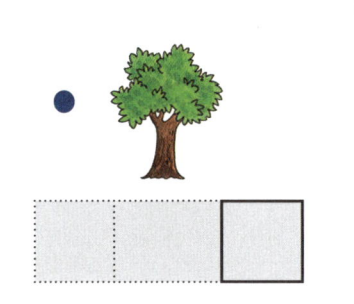

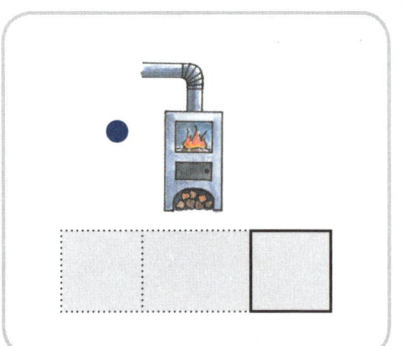

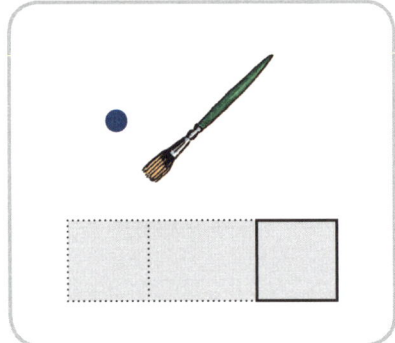

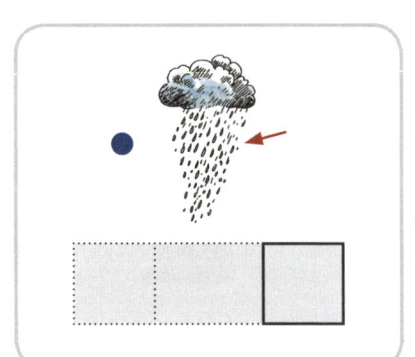

3

n

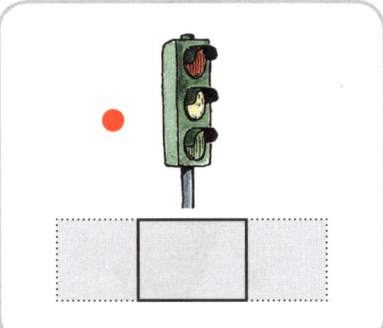

1 Bildwörter nach dem Anlaut abhören; unter die Bilder, deren Wort mit dem N/n-Laut beginnt, den Buchstaben N schreiben
2 Bildwörter nach dem Endlaut abhören; unter die Bilder, deren Wort mit dem N/n-Laut endet, den Buchstaben n schreiben
3 Bildwörter nach dem Inlaut abhören; unter die Bilder, bei denen im Inlaut ein N/n-Laut zu hören ist, den Buchstaben n schreiben

1

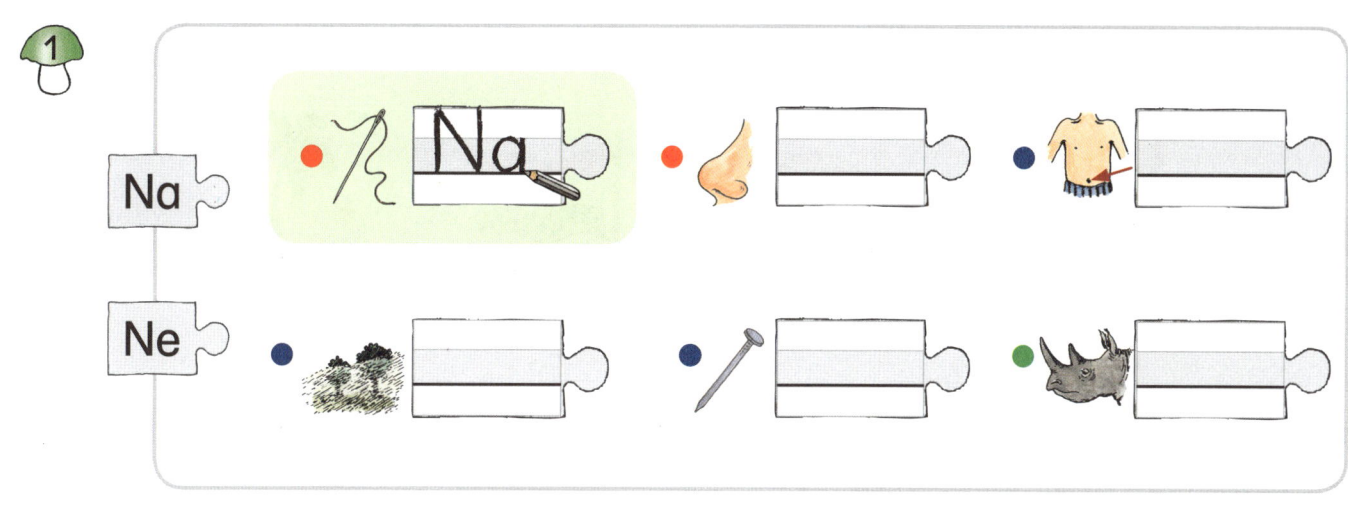

Na

Ne

2

nen

len

3

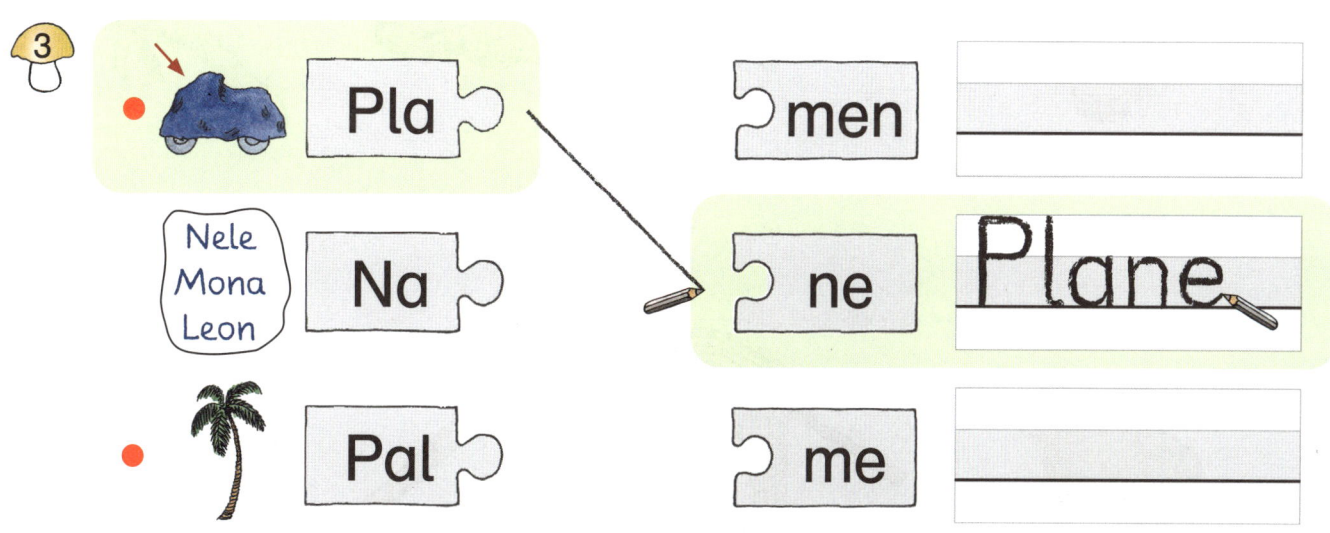

Nele
Mona
Leon

Pla

Na

Pal

men

ne — Plane

me

1 EINFÜHRUNG Bildwörter nach den Anfangssilben Na- und Ne- abhören; passende Anfangssilbe schreiben
2 EINFÜHRUNG Bildwörter auf die Endsilben -nen und -len (kurzes e) abhören; passende Endsilbe schreiben
3 Passende Silben miteinander verbinden, das entsprechende Wort schreiben

1

2

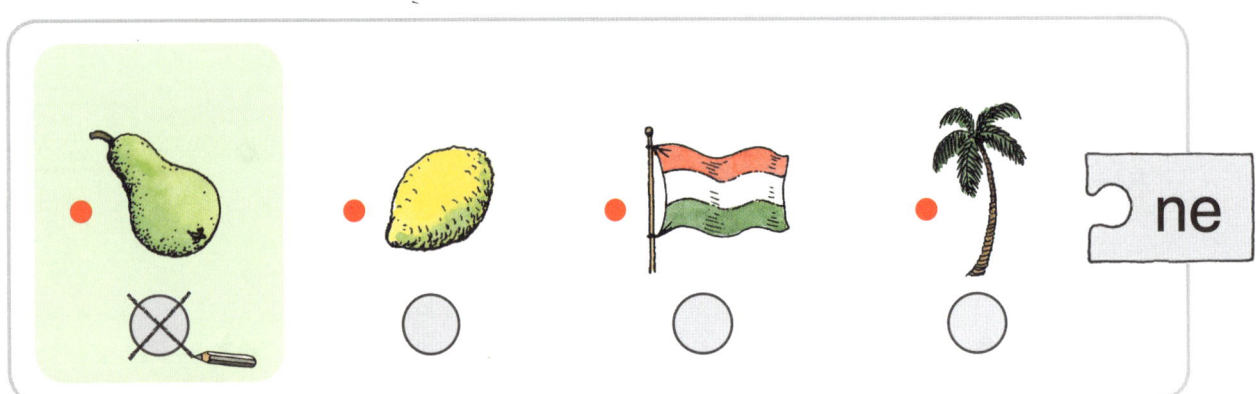

1 Bildwörter auf die Endsilbe -ne abhören; endet das Wort mit -ne, Bild ankreuzen, nicht passende Bildwörter durchstreichen
2 EINFÜHRUNG Geschenke den Kindern durch Linien zuordnen

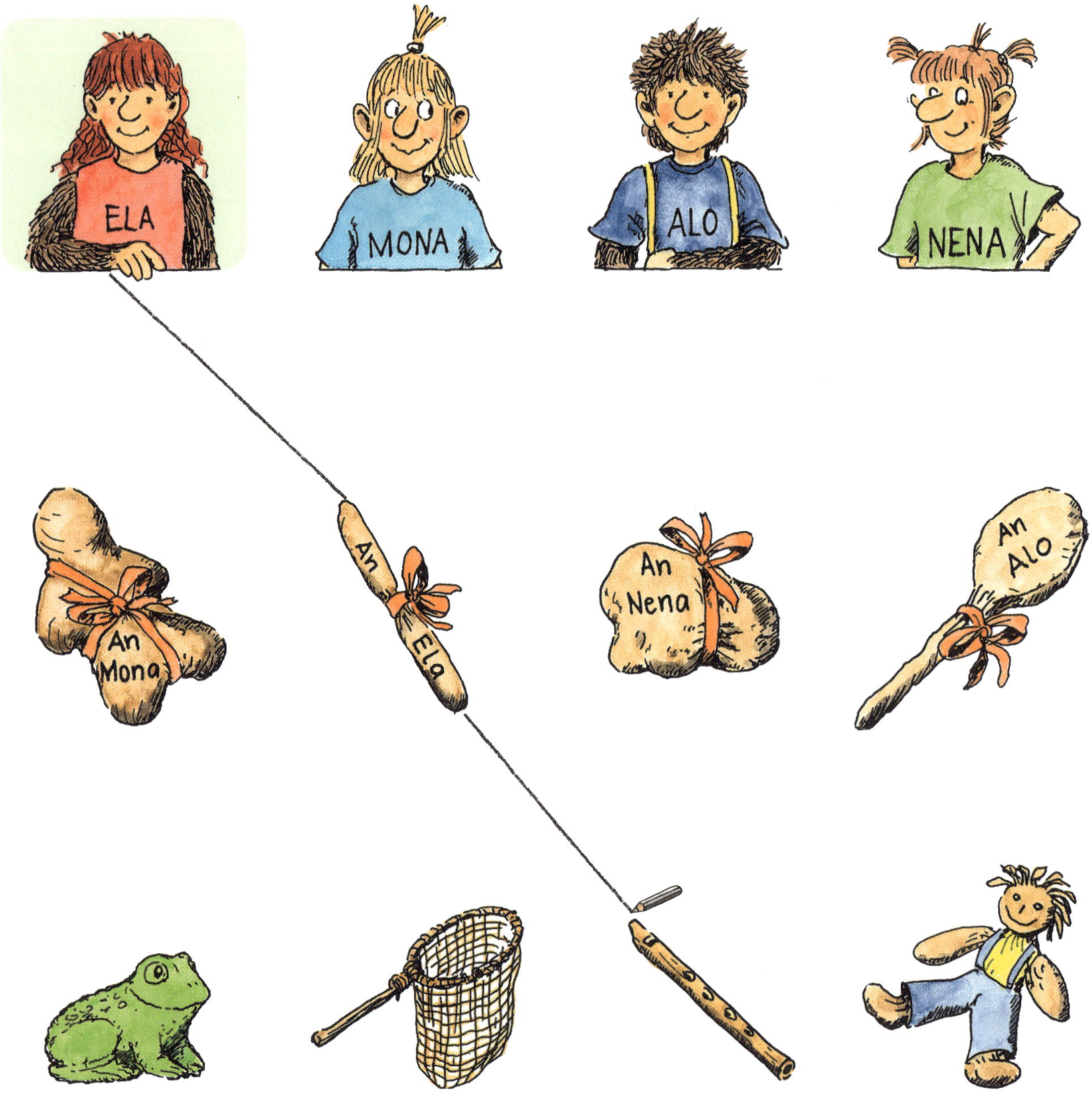

1

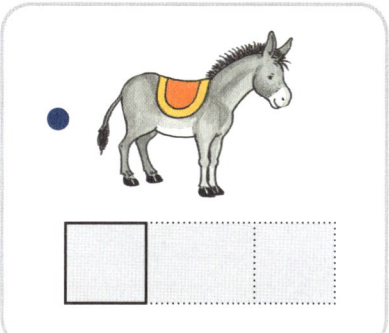

2

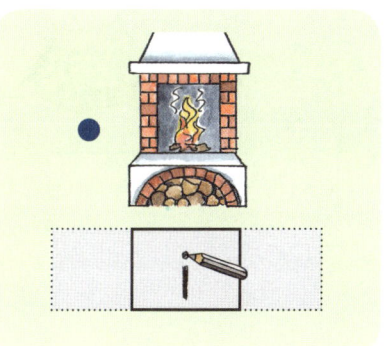

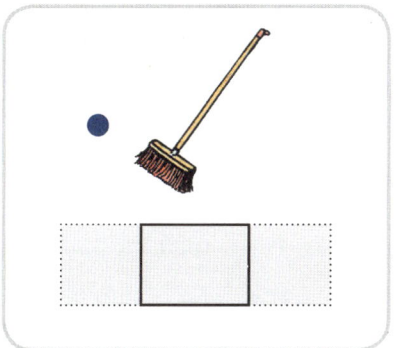

3

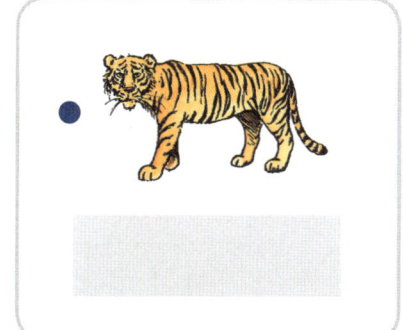

1 Bildwörter nach dem Anlaut abhören; unter die Bilder, deren Wort mit dem langen I/i-Laut beginnt, den Buchstaben I schreiben
2 Bildwörter nach dem Inlaut abhören; unter die Bilder, bei denen im Inlaut ein langer I/i-Laut zu hören ist, den Buchstaben i schreiben
3 Bildwörter nach Silben getrennt sprechen, verbunden mit Silbenschwingen oder -klatschen; Silbenbögen zeichnen

I i

1

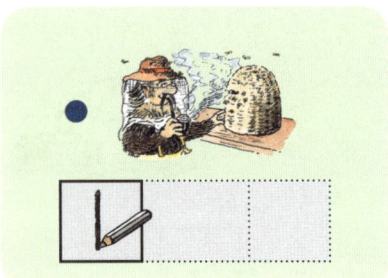

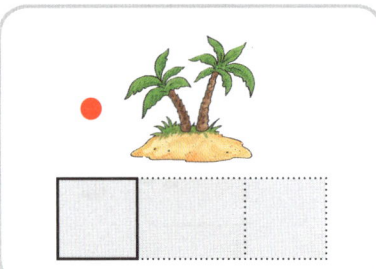

2

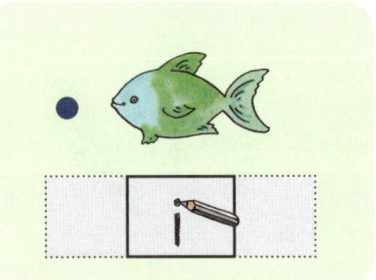

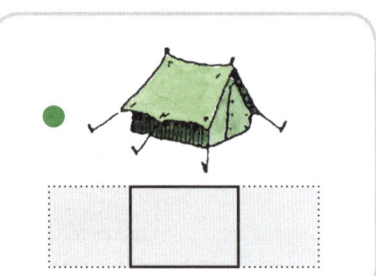

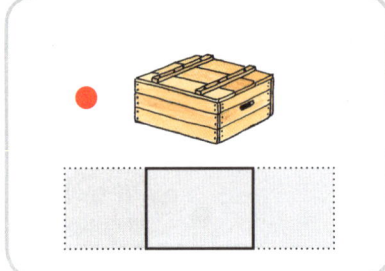

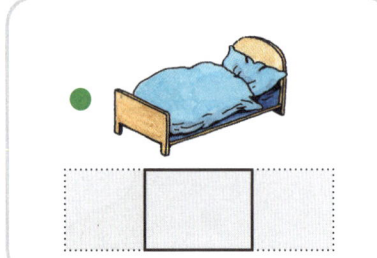

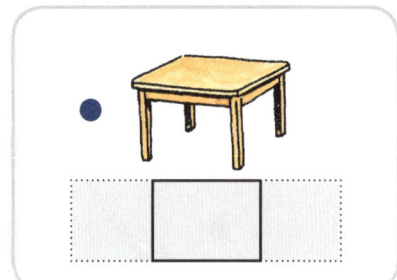

3

Lip	pen
Li	ne	al
Li	mo

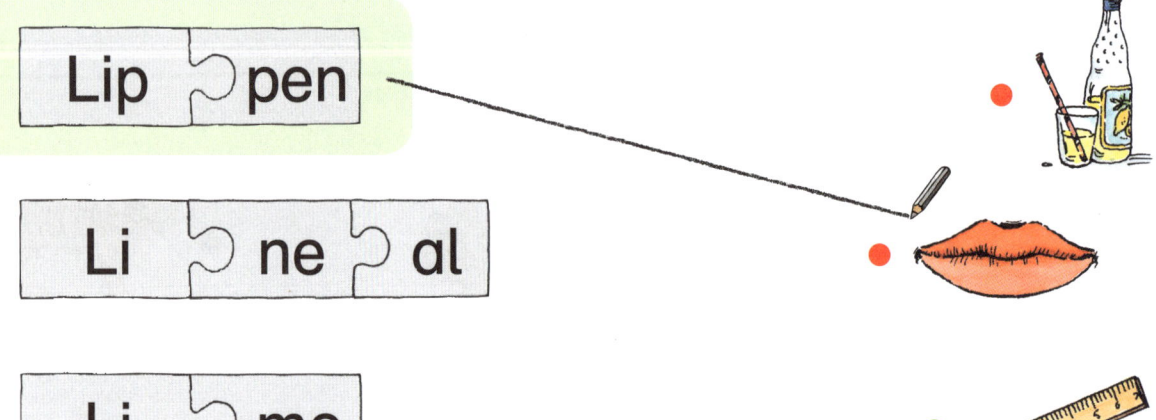

1 Bildwörter nach dem Anlaut abhören; unter die Bilder, deren Wort mit dem kurzen I/i-Laut beginnt, den Buchstaben I schreiben
2 Bildwörter nach dem Inlaut abhören; unter die Bilder, bei denen im Inlaut ein kurzer I/i-Laut zu hören ist, den Buchstaben i schreiben
3 EINFÜHRUNG Wörter erlesen und mit den passenden Bildern verbinden

Dino   Insel   Kiwi

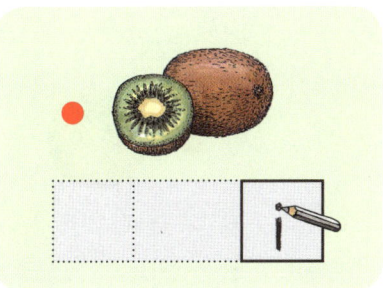
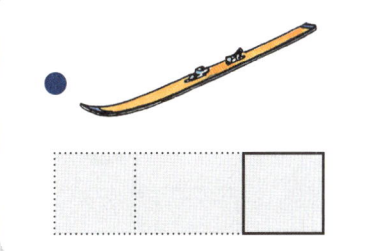

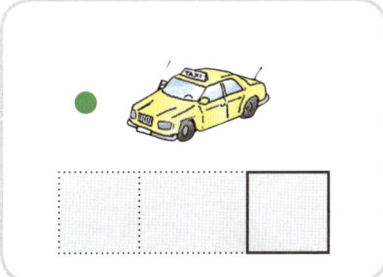

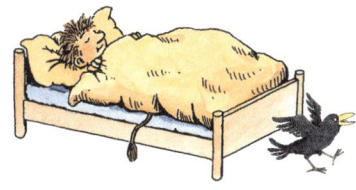

Ole am  ⊗   Oma im  ◯

Alo im  ◯   Opa im  ◯

Leo am 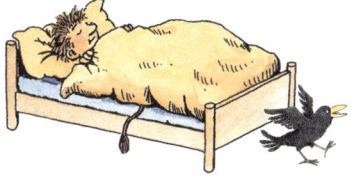 ◯   Oma am  ◯

1 Buchstaben I und i nachspuren
2 Bildwörter nach dem Endlaut abhören; unter die Bilder, deren Wort mit einem I/i-Laut endet, den Buchstaben i schreiben
3 EINFÜHRUNG zu den Bildern passende Sätze ankreuzen

25

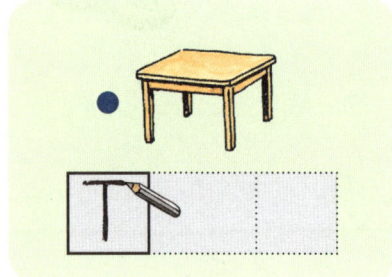

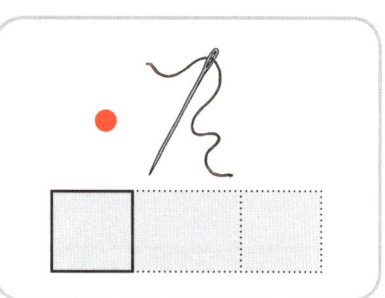

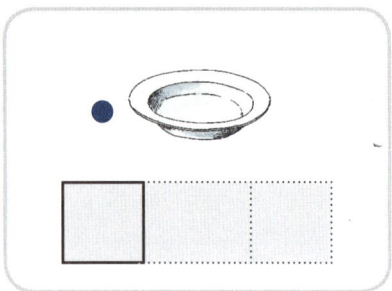

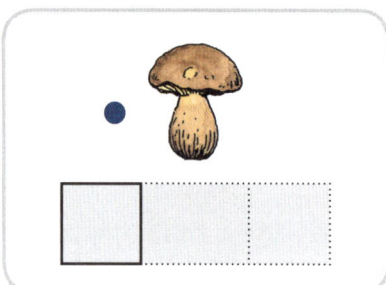

Ta

To

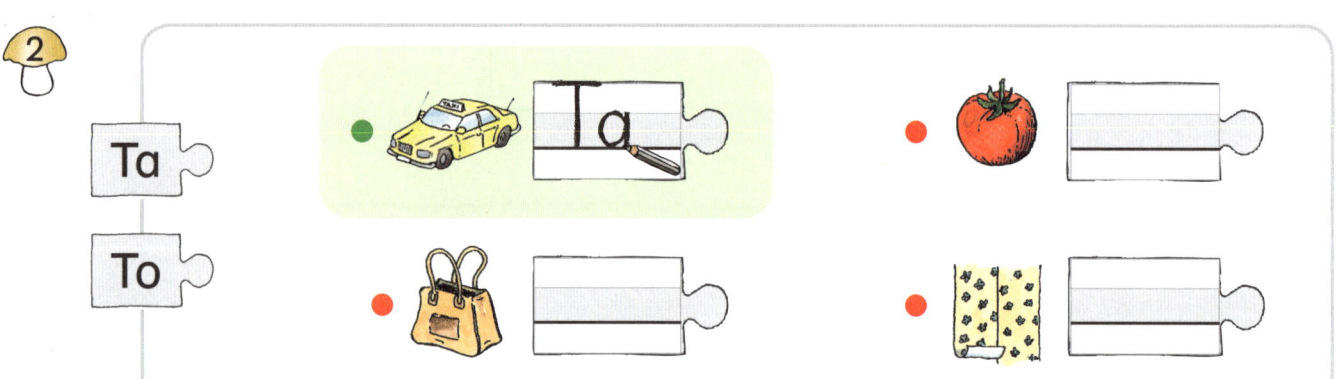

1 Bildwörter nach dem Anlaut abhören; unter die Bilder, deren Wort mit dem T/t-Laut beginnt, den Buchstaben T schreiben
2 Bildwörter nach den Anfangssilben Ta- und To- abhören; passende Anfangssilbe schreiben
3 Bildwörter nach dem Inlaut abhören; unter die Bilder, bei denen im Inlaut ein T/t-Laut zu hören ist, den Buchstaben t schreiben

1

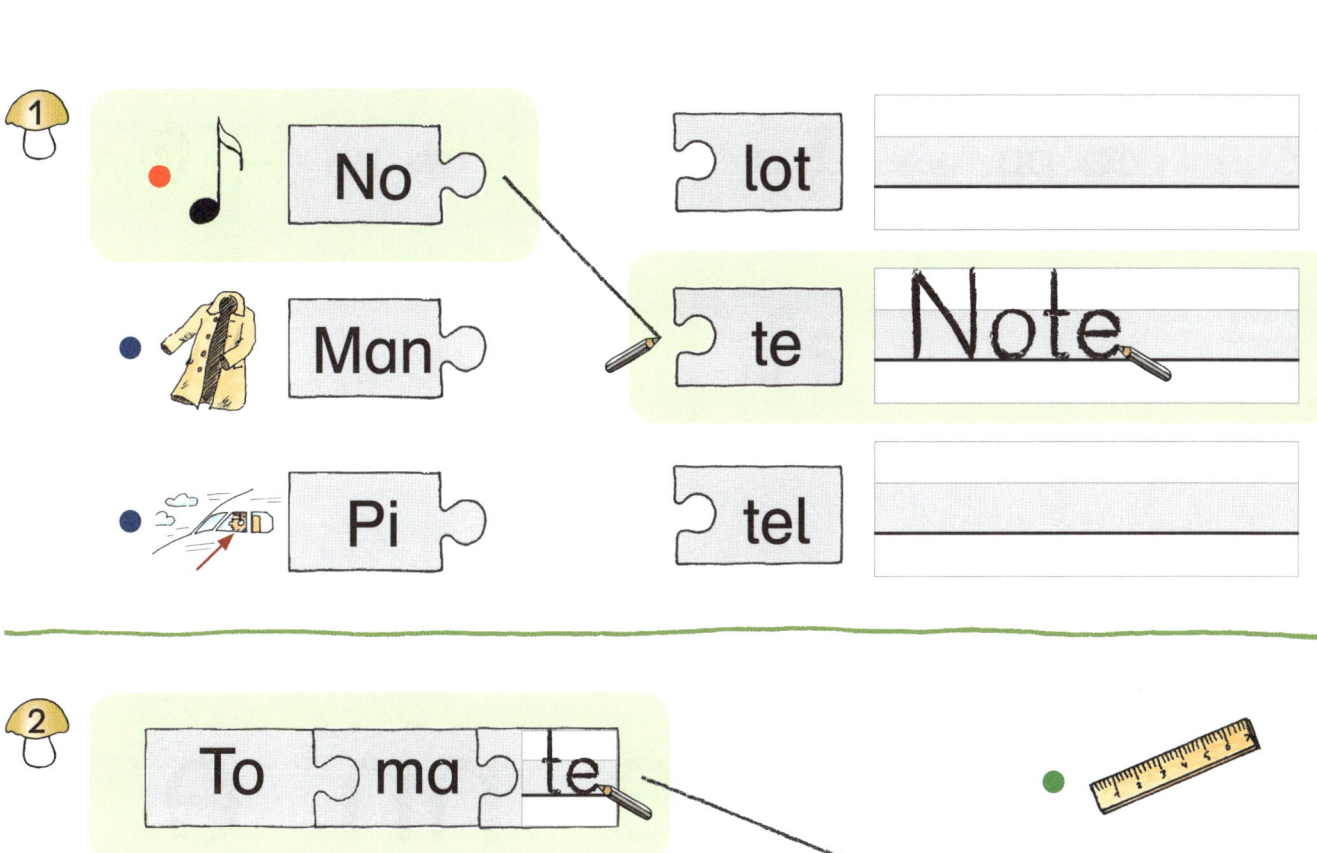

No — te Note

lot

tel

2

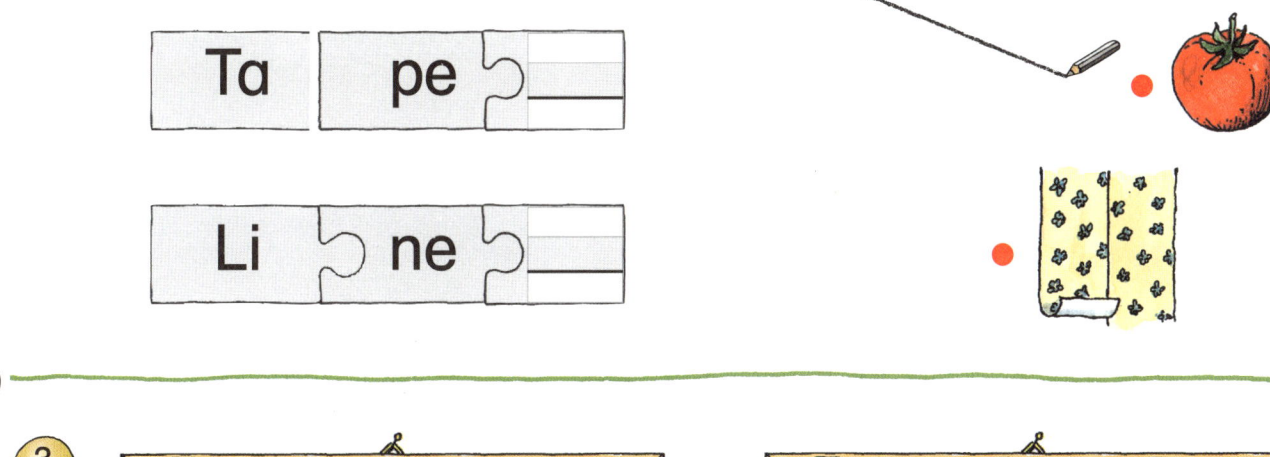

To ma te

Ta pe

Li ne

3

Male 2 Tannen.

Opa mit Enten.

Male 2 Enten.

1 Passende Silben miteinander verbinden, das entsprechende Wort schreiben
2 EINFÜHRUNG Wortanfänge erlesen, mit Endsilben ergänzen und mit den passenden Bildern verbinden
3 EINFÜHRUNG Bilder den Sätzen entsprechend vervollständigen

T	o	nn	e

M	a	pp	e

M	i	tt	e

1 Bedeutung der Symbole in der Gruppe oder Klasse besprechen; Buchstabenkärtchen von Klebebogen 1 ausschneiden, Wörter nach Diktat legen, angegebene Wörter durch Überkleben richtig stellen – P/G

① Ente → ② Matte → ③ Lampe

④ Tapete   ⑤ Tanne   ⑥ Mappe

⑦ Mann   ⑧ Lama   ⑨ Tonne

⑩ Palme   ⑪ Tomate   ⑫ Tante

⑬ Melone   ⑭ Mantel   ⑮ Tee

⑯ Lappen   ⑰ Lippen   ⑱ Note

1 EINFÜHRUNG Wörter der Reihe nach erlesen, Nummern zu den passenden Bildpunkten schreiben; alle Punkte mit Hilfe eines Lineals in der durch die Zahlen vorgegebenen Reihenfolge miteinander verbinden

S s

1

S

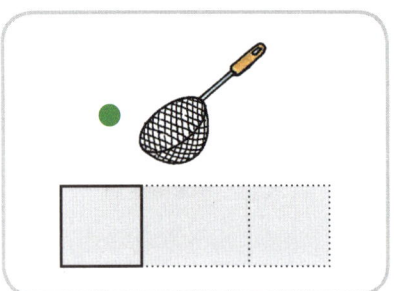

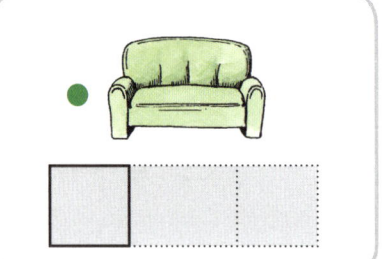

2

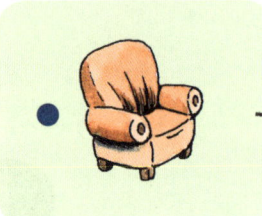

Pinsel

Tasse

Sonne Sessel

Esel

Palme

Insel

Salat

3

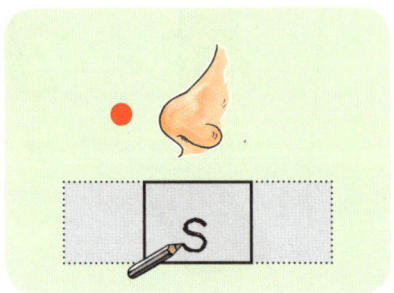

s

© 2020 Cornelsen Verlag GmbH, Berlin. Alle Rechte vorbehalten.

1 Bildwörter nach dem Anlaut abhören, unter die Bilder, deren Wort mit dem S/s-Laut beginnt, den Buchstaben S schreiben
2 EINFÜHRUNG Wörter erlesen, Bilder mit den passenden Wörtern verbinden
3 Bildwörter nach dem Inlaut abhören; unter die Bilder, bei denen im Inlaut ein S/s-Laut zu hören ist, den Buchstaben s schreiben

1

 s

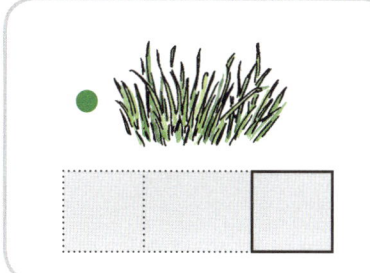

2

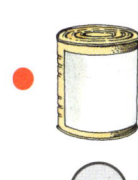

se

3

sen

sel

sen

1 Bildwörter nach dem Endlaut abhören; unter die Bilder, deren Wort mit dem S/s-Laut endet, den Buchstaben s schreiben.
2 Bildwörter auf die Endsilbe -se abhören; endet das Wort mit -se, Bild ankreuzen
3 EINFÜHRUNG Bildwörter auf die Endsilben -sel und -sen abhören; passende Endsilbe schreiben

1

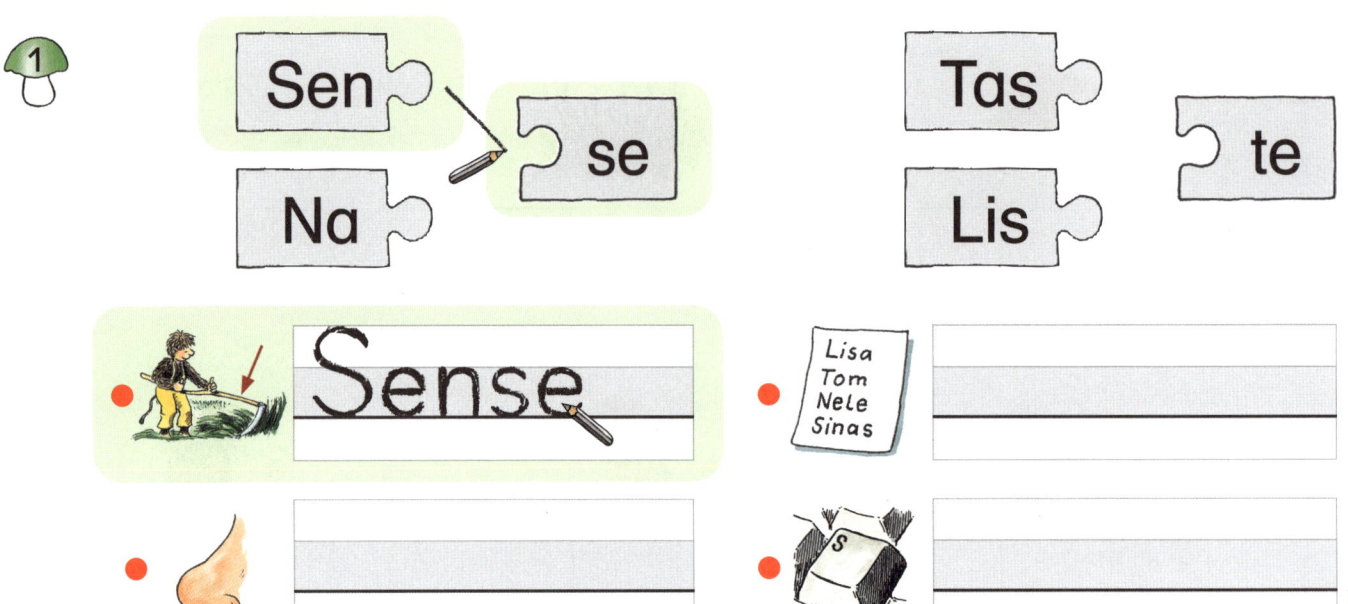

Sen | Na → se

Tas | Lis → te

Sense

Lisa
Tom
Nele
Sinas

2

Aa Ee Ii Oo

Amsel

Insel

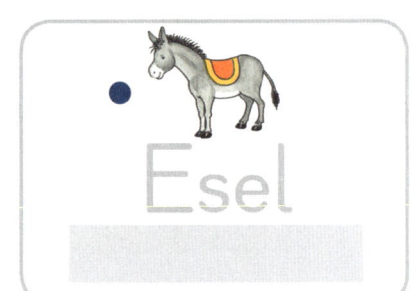

Esel

Mantel

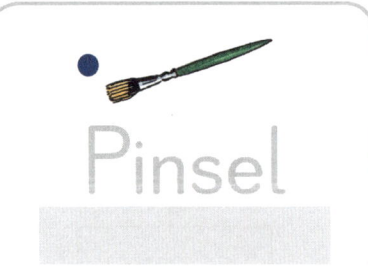

Pinsel

Salat

---

3 Male alle Tassen lila.

Male 2 Lappen lila.

1 EINFÜHRUNG Wörter zusammengesetzt lesen, Puzzleteile verbinden, Wörter zu den passenden Bildern schreiben
2 EINFÜHRUNG alle Vokalbuchstaben rot nachspuren (Hinweis für die Kinder: Es sind die Buchstaben auf den roten Steinen im Buchstabentor);
   zu den Bildwörtern Silbenschwingen oder -klatschen, Silbenbögen eintragen
3 Bild dem Text entsprechend ausmalen

1

Tonne   Sonne

Taste

Amsel

2

Ha - se

1 EINFÜHRUNG graue Buchstaben unter den Sternchen jeweils der rechten Abbildung entsprechend austauschen und neues Wort schreiben
2 EINFÜHRUNG von den Labyrintheingängen beginnend die Wörter aus den Silben zusammengesetzt lesen, auf einen Zettel oder in ein Heft
   schreiben und die passenden Bilder vom Klebebogen 2 zuordnen

33

Wes — te
pe

Wim
Am — pel

Weste

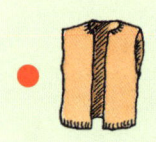

Wo ist Mama?
Was will Mama?
Wen will Ela malen?

Ela will Mama malen.
Mama will lesen.
Mama ist am See.

W

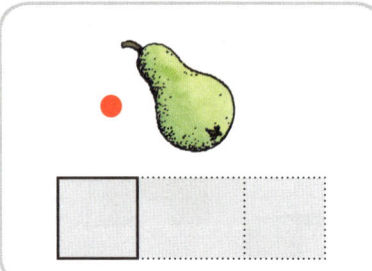

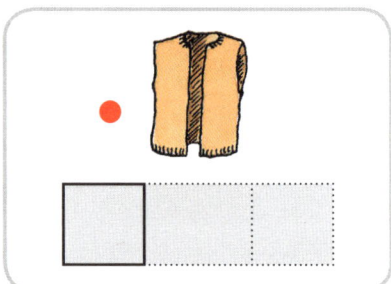

1 Wörter zusammengesetzt lesen, Puzzleteile verbinden, Wörter neben die passenden Bilder schreiben
2 EINFÜHRUNG Sätze lesen, die Fragen mit den zugehörigen Antworten verbinden
3 Bildwörter nach dem Anlaut abhören, unter die Bilder, deren Wort mit dem W/w-Laut beginnt, den Buchstaben W schreiben

1

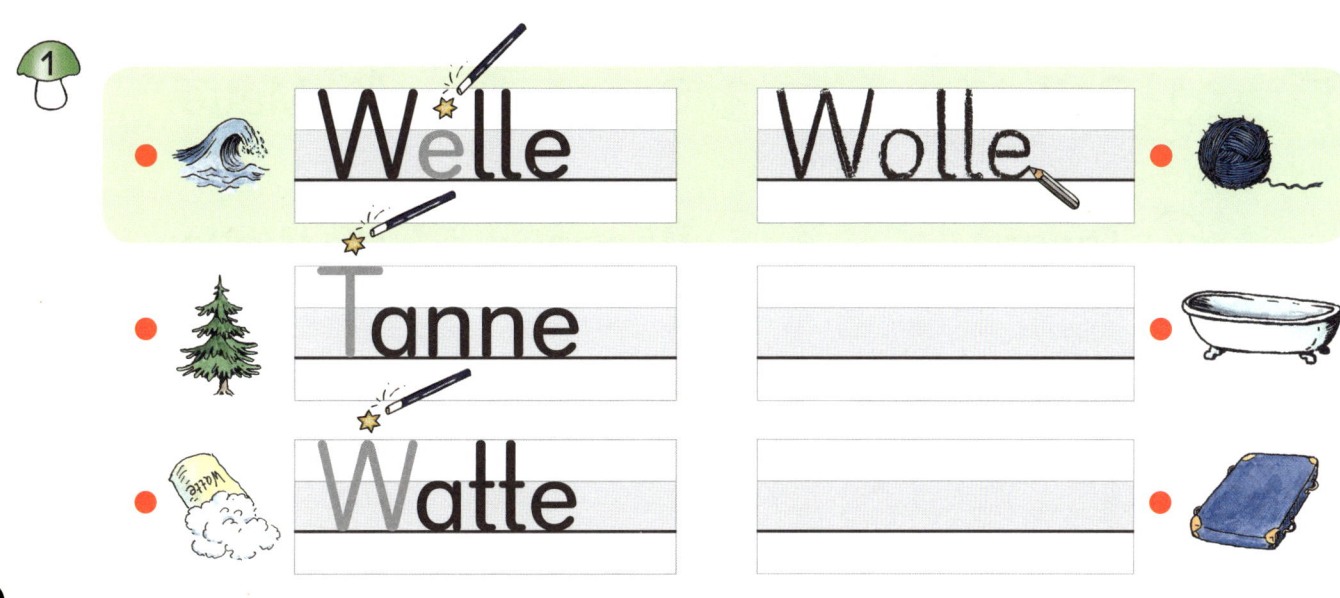

Welle   Wolle

Tanne

Watte

2

A a   E e   I i   O o

Wimpel

Wal

Wespe

3

Oma will etwas sammeln.   Was will Papa im See?

1 graue Buchstaben unter den Sternchen jeweils der rechten Abbildung entsprechend austauschen und neues Wort schreiben
2 alle Vokalbuchstaben rot nachspuren; zu den Bildwörtern Silbenschwingen oder -klatschen, Silbenbögen eintragen
3 Bilder den Sätzen entsprechend vervollständigen

35

① Sattel   ② Sonne   ③ Matte

④ Tasse   ⑤ Wippe   ⑥ Wolle

⑦ Tanne   ⑧ Welle   ⑨ Wanne

  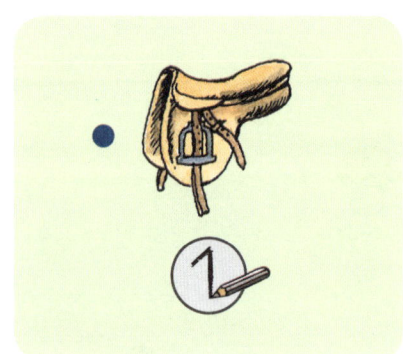

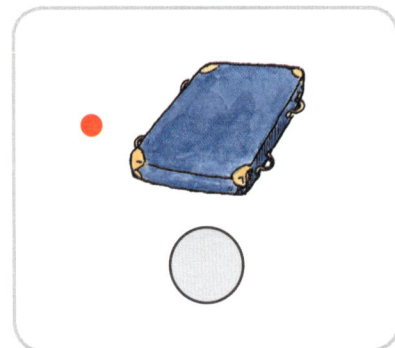  

 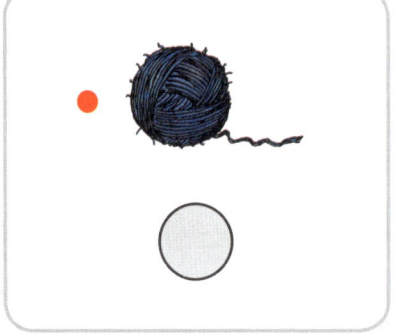 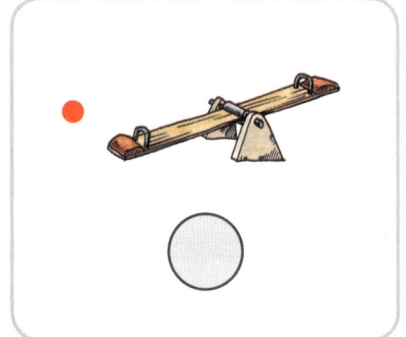

1 EINFÜHRUNG Wörter erlesen; Nummern der Wörter in die Kreise zu den zugehörigen Bildern schreiben
DIFF Vokale vor den Doppelkonsonanten auf Klangdauer (lang oder kurz) abhören: bei langem Klang Strich, bei kurzem Klang Punkt unter den Vokalbuchstaben setzen; im Klassengespräch auf die Regelhaftigkeit hinzielen (doppelter Mitlaut nach kurzem Vokal) – P/G

1

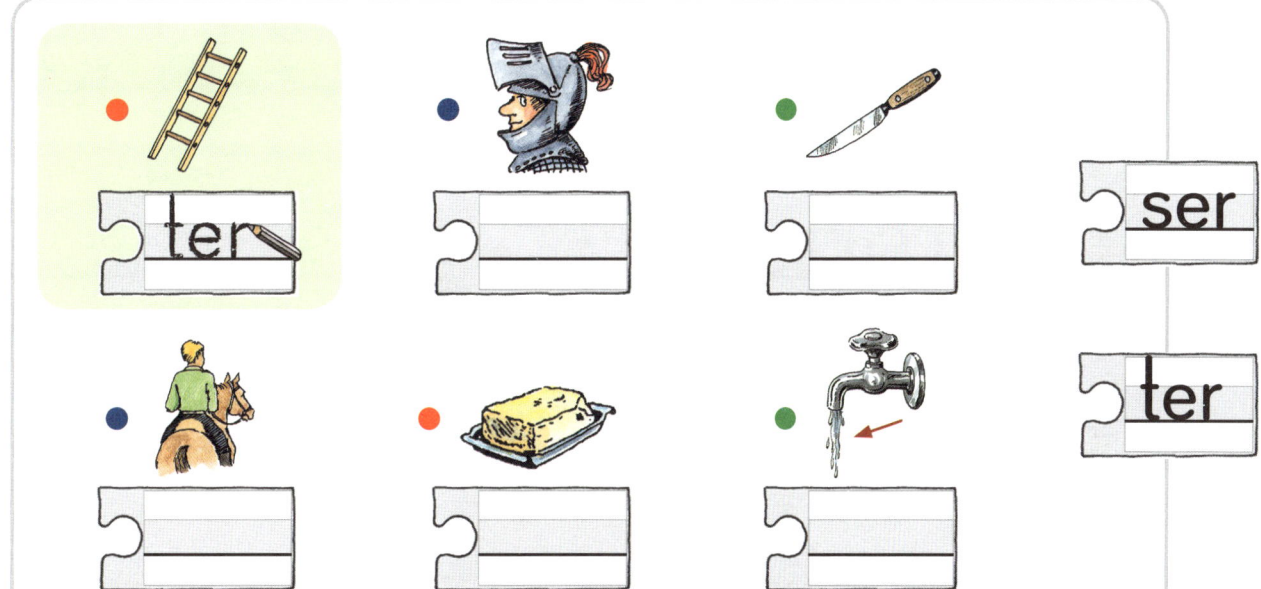

ter

ser

ter

2

Tante Rita mit lila Perlen

Papa mit 2 leeren Tellern

3

R

---

1 Bildwörter auf die Endsilben -ser und -ter, abhören; passende Endsilbe schreiben
2 Bilder den Sätzen entsprechend vervollständigen
3 Bildwörter nach dem Anlaut abhören, unter die Bilder, deren Wort mit dem R/r-Laut beginnt, den Buchstaben R schreiben

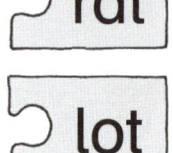

Torte

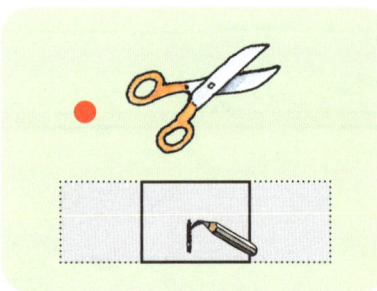

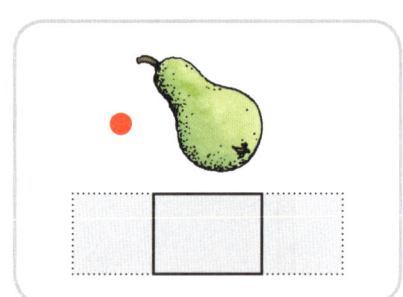

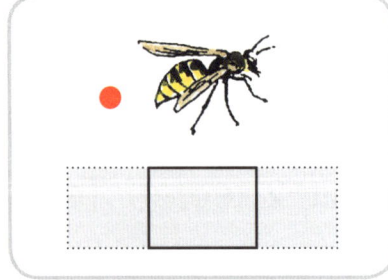

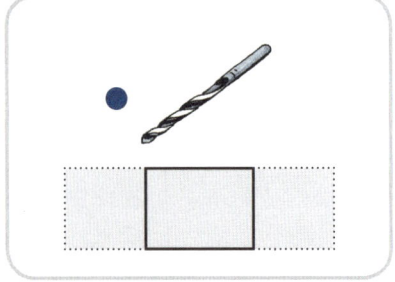

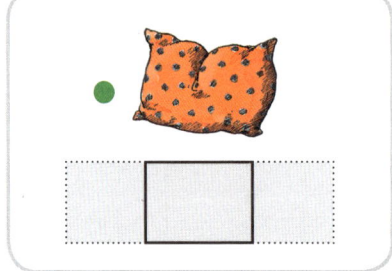

1 Wörter zusammengesetzt lesen, Puzzleteile verbinden, Wörter neben die passenden Bilder schreiben
2 Bildwörter nach dem Inlaut abhören; unter die Bilder, bei denen im Inlaut ein R/r-Laut zu hören ist, den Buchstaben r schreiben
TEST 2 (Das kann ich schon)

Ei ei

 1

e m r
Ei

Eimer

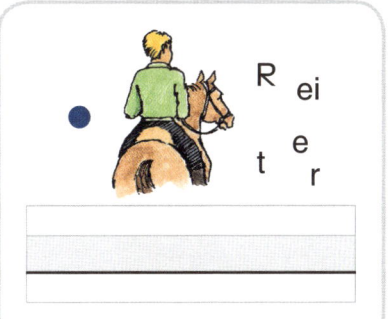

R ei
t e r

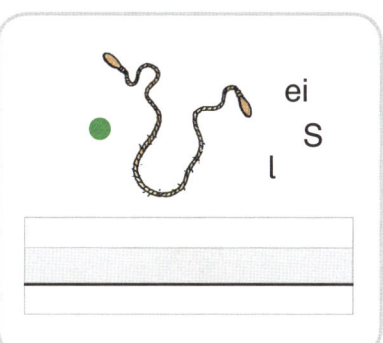

ei S
l

 2

rei — sen
le

tei
ma

len

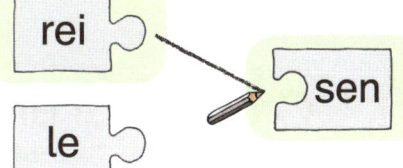

reisen

 3

 **Meise**   **Reise**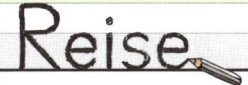

 **Leiter**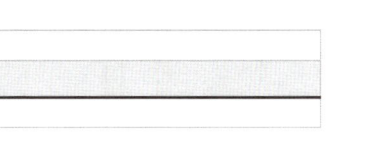

 **Teil**

1 EINFÜHRUNG Wörter mit Hilfe der vorgegebenen Buchstaben verschriften
2 Wörter zusammengesetzt lesen, Puzzleteile verbinden, Wörter neben die passenden Bilder schreiben
3 graue Buchstaben unter den Sternchen jeweils der rechten Abbildung entsprechend austauschen und neues Wort schreiben

39

1

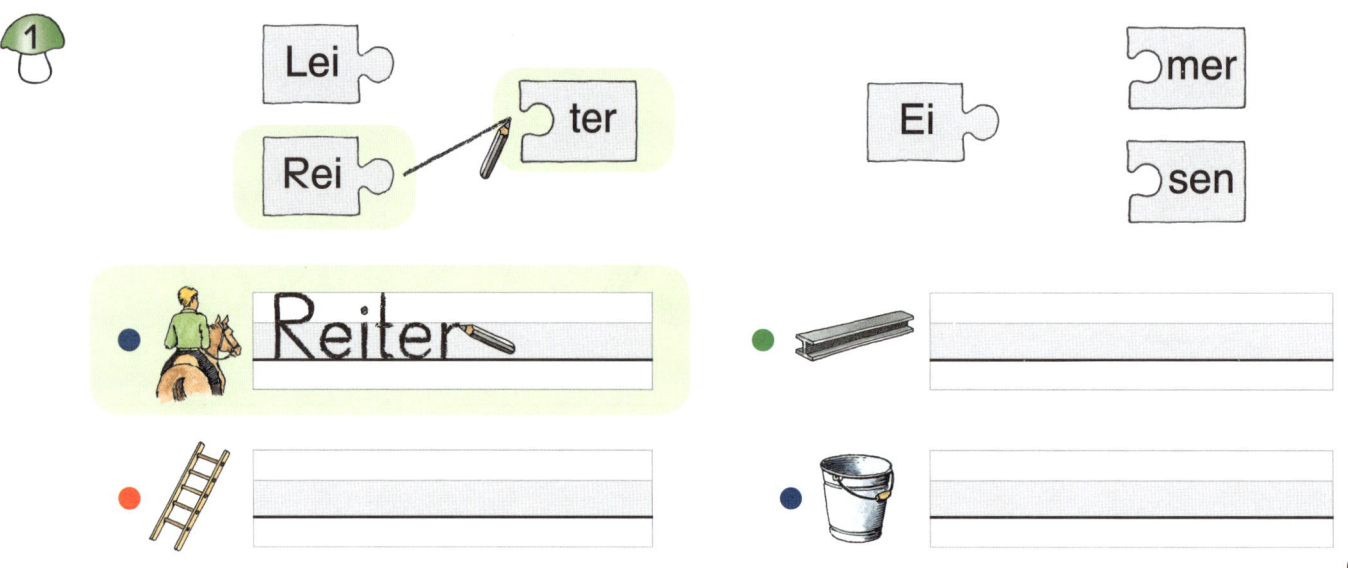

Reiter

2

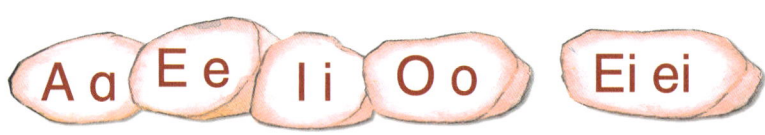

A a   E e   I i   O o   Ei ei

Leine

Ameise

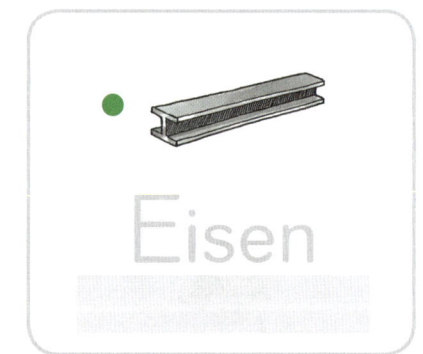

Eisen

3

Oma will eine
rosa Torte essen.

Ela will ein
rotes Eis essen.

Will Mama Salat
mit Ameisen essen?

1 Wörter zusammengesetzt lesen, Puzzleteile verbinden, Wörter neben die passenden Bilder schreiben
2 alle Vokalbuchstaben rot nachspuren; zu den Bildwörtern Silbenschwingen oder -klatschen, Silbenbögen eintragen
3 Bilder den Sätzen entsprechend vervollständigen

①  **ein** Eis   ②  Seil

③  Ei   ④  Meise

 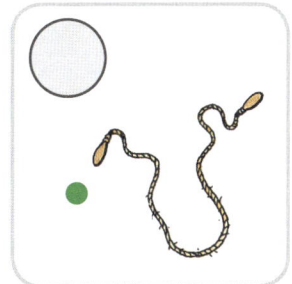  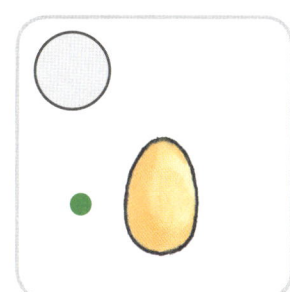

  nein

Ist eine Ameise allein?   ○   ⊗

Weint ein Troll?   ○   ○

Ist an einer Leiter ein Seil?   ○   ○

Ist eine Meise am Eimer?   ○   ○

1 EINFÜHRUNG Wörter den Bildern durch Nummerierung zuordnen, unbestimmte Artikel zu den Wörtern schreiben
2 EINFÜHRUNG Fragen lesen, mit dem Bild vergleichen, *ja* oder *nein* ankreuzen

D d

1

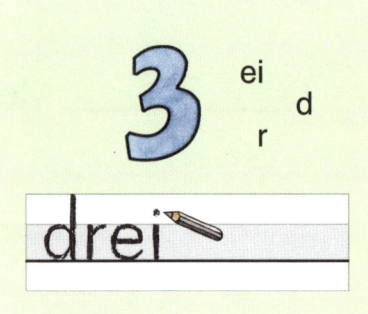

3 ei d r

__drei__

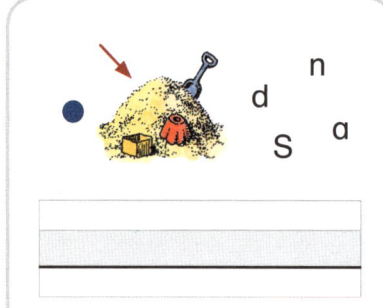

n d S a

D a m e

2

Win Na del

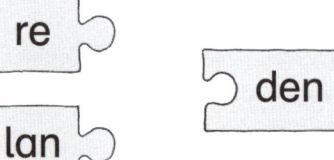

re lan den

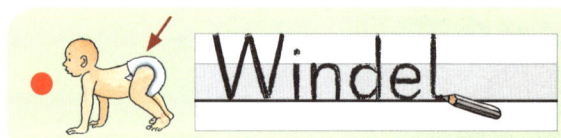

Windel

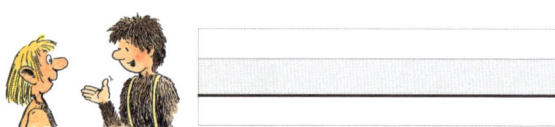

3

Daria Name Dame

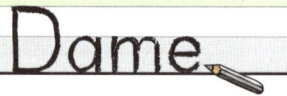

Wand

Dose

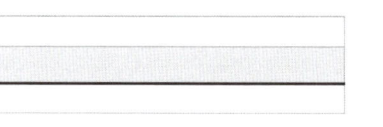

1 Wörter mit Hilfe der vorgegebenen Buchstaben verschriften
2 Wörter zusammengesetzt lesen, Puzzleteile verbinden, Wörter neben die passenden Bilder schreiben
3 graue Buchstaben unter den Sternchen jeweils der rechten Abbildung entsprechend austauschen und neues Wort schreiben

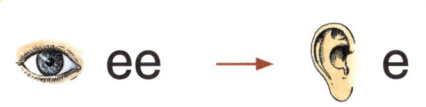

① See   ② Tee   ③ Meer   ④ Idee

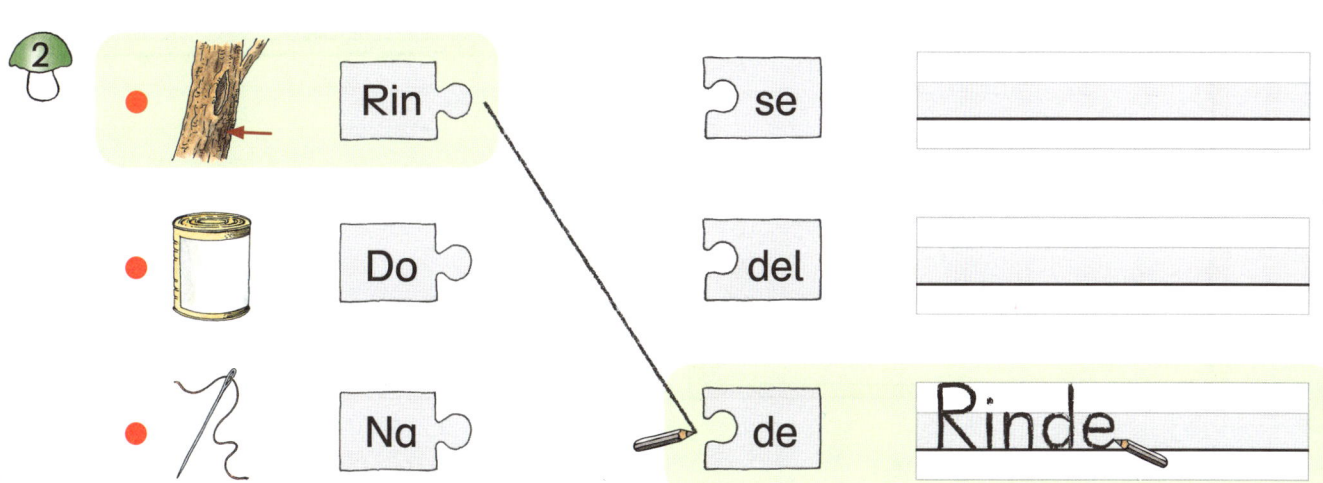

Rin — se

Do — del

Na — de   Rinde

A a   E e   I i   O o   Ei ei

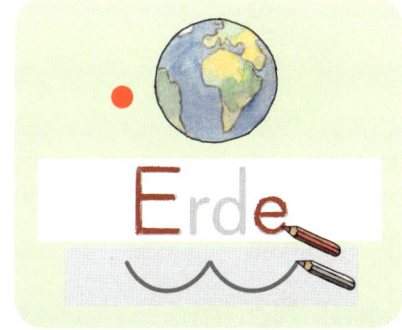  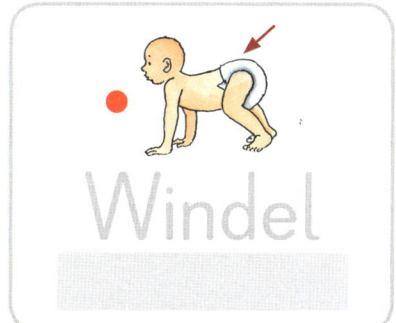

Erde   Domino   Windel

1 Bilder den passenden Wörtern durch Nummerierung zuordnen (Hinweis für die Kinder: Doppelvokale klingen lang)
2 passende Silben miteinander verbinden, das entsprechende Wort schreiben
3 alle Vokalbuchstaben rot nachspuren; zu den Bildwörtern Silbenschwingen oder -klatschen, Silbenbögen eintragen

 1

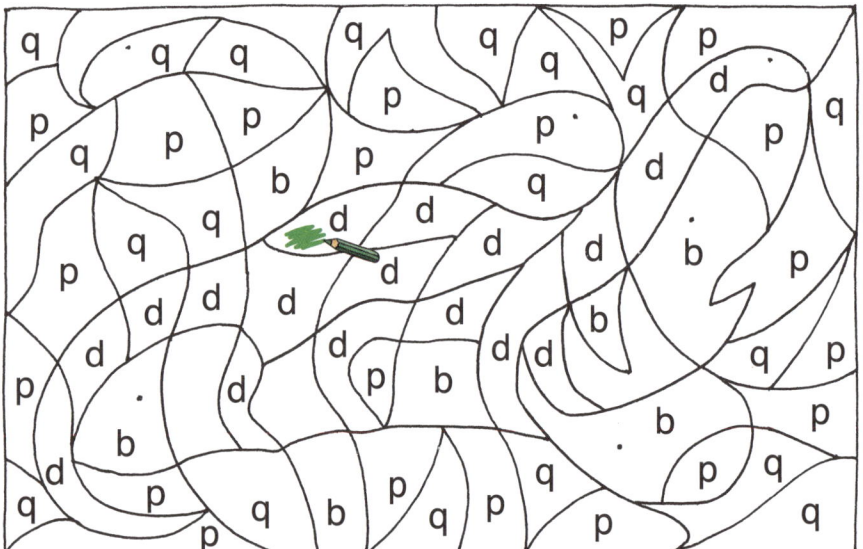

Das ist ein

 2

Male einen Eimer.

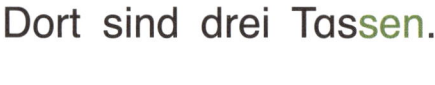

Dort sind drei Tassen.

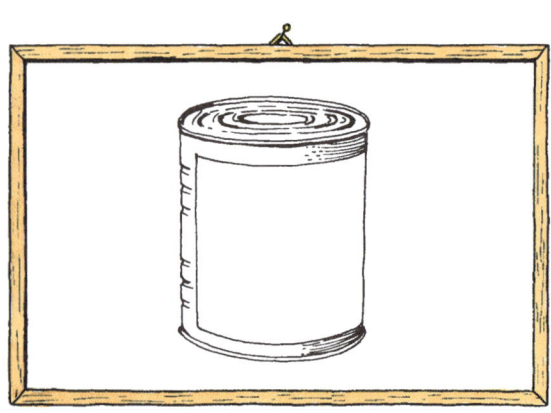

Da ist eine Dose

mit Tomaten.

In der Wolle

sind drei Nadeln.

1 EINFÜHRUNG alle Felder mit *d* grün ausmalen, das Wort zum entstandenen Bild schreiben (Dino)
2 Bilder den Sätzen entsprechend vervollständigen

H h

 1

l a
H
s

Hals

s e
a
H

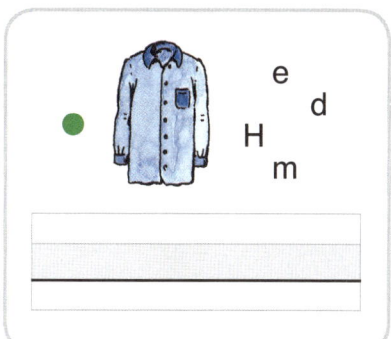
e d
H
m

 2

hal — ten

rei

hop

le

sen

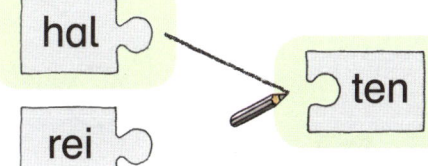

 halten

 3

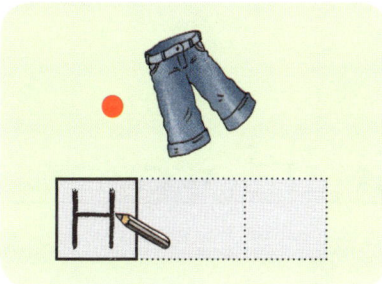
● H

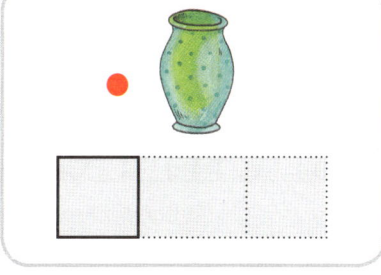
●

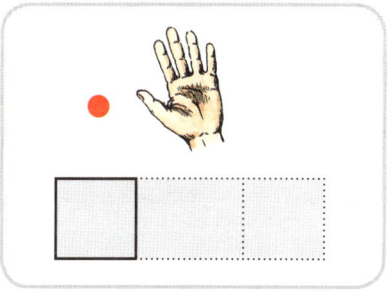
●

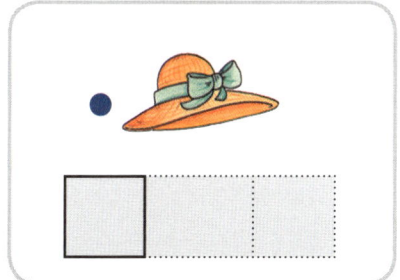
●

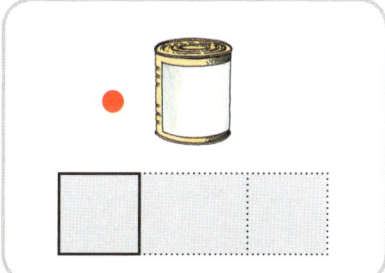
●

●

1 Wörter mit Hilfe der vorgegebenen Buchstaben verschriften
2 Wörter zusammengesetzt lesen, Puzzleteile verbinden, Wörter neben die passenden Bilder schreiben
3 Bildwörter nach dem Anlaut abhören, unter die Bilder, deren Wort mit dem H/h-Laut beginnt, den Buchstaben H schreiben

1

 Halm   Helm

 Sand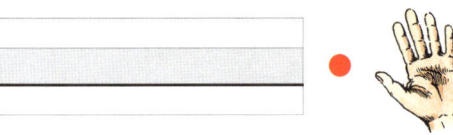

 Hase

2

①

s a o r
N   n   h

Nashorn

②

i   l
n P e s

③

H
o   e
s

① Wer hat ein Horn?

Das Nashorn hat ein Horn.

② Was ist in Elas Hand?

In Elas Hand ist

③ Was hat Alo an?

Alo hat

1 graue Buchstaben unter den Sternchen jeweils der rechten Abbildung entsprechend austauschen und neues Wort schreiben
2 EINFÜHRUNG Wörter mit Hilfe der vorgegebenen Buchstaben verschriften;
Fragen lesen und die Antwortsätze mithilfe der vorangegangenen Wörter aufschreiben (Satzanfang und Satzende beachten)

1 Reime

Reis
Eis

Reis

Halle

Hase

Pinsel

Hose

Herd

2 Male.

Der Hamster hat helle Haare.

Hinter dem Hamster

ist ein Hase.

Am Himmel ist der Mond.

3

A a   E e   I i   O o   Ei ei

Hase

Helm

Einhorn

1 EINFÜHRUNG passende Reimbilder vom Klebebogen 2 einkleben
2 das Bild den Angaben entsprechend ergänzen
3 alle Vokalbuchstaben rot nachspuren; zu den Bildwörtern Silbenschwingen oder -klatschen, Silbenbögen eintragen

F f

1

e   d
r
F   e

Feder

ff   e
A

o   t
F
O

2

Rei   fen

O

Ta

Waf

fel

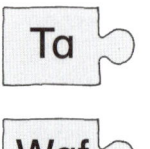

Reifen

3

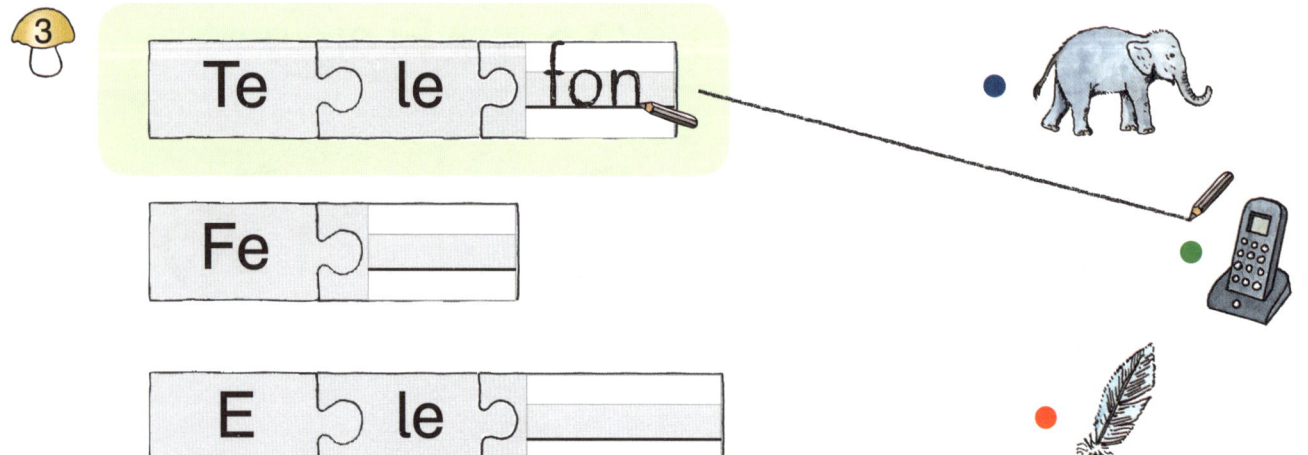

Te   le   fon

Fe

E   le

48

1 Wörter mit Hilfe der vorgegebenen Buchstaben verschriften
2 Wörter zusammengesetzt lesen, Puzzleteile verbinden, Wörter neben die passenden Bilder schreiben
3 Wortanfänge erlesen, mit Endsilben ergänzen und mit den passenden Bildern verbinden

 1 ☐ **ist** oder ☐ **hat** ?

Ela  nett.

Ein Affe _____ ein Fell.

Oma _____ ein altes Sofa.

Das Fenster _____ offen.

 2

Das Heft in Alos Hand
ist rot.

Hinter Leo
ist ein lila Falter.

Alo wirft einen Lappen
in einen Reifen.

In Opas Pantoffel
findet Ole eine Feder.

1 Sätze lesen und mit *ist* oder *hat* ergänzen
2 Bilder den Sätzen entsprechend vervollständigen

ie

Wiese

1

D ie
r e n

Diener

e s
ie R

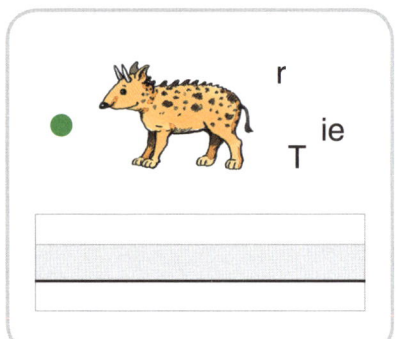

r
T ie

2

der , **die** o**der** **das** ?

 Tier

 Papier

 Riese

Lied

Wiese

Diener

3

①

Dieser Riese

findet Lieder toll.

②

Dieser Riese

hat eine Wiese.

③

Dieser Riese

niest immer.

---

1 Wörter mit Hilfe der vorgegebenen Buchstaben verschriften
2 die passenden Artikel der, die oder das zu den Nomen schreiben
3 EINFÜHRUNG Riesen-Bilder vom Klebebogen 2 gemäß der Beschreibungen in die richtigen Felder kleben

1 Male alle Felder mit einem **ie**-Wort rot.

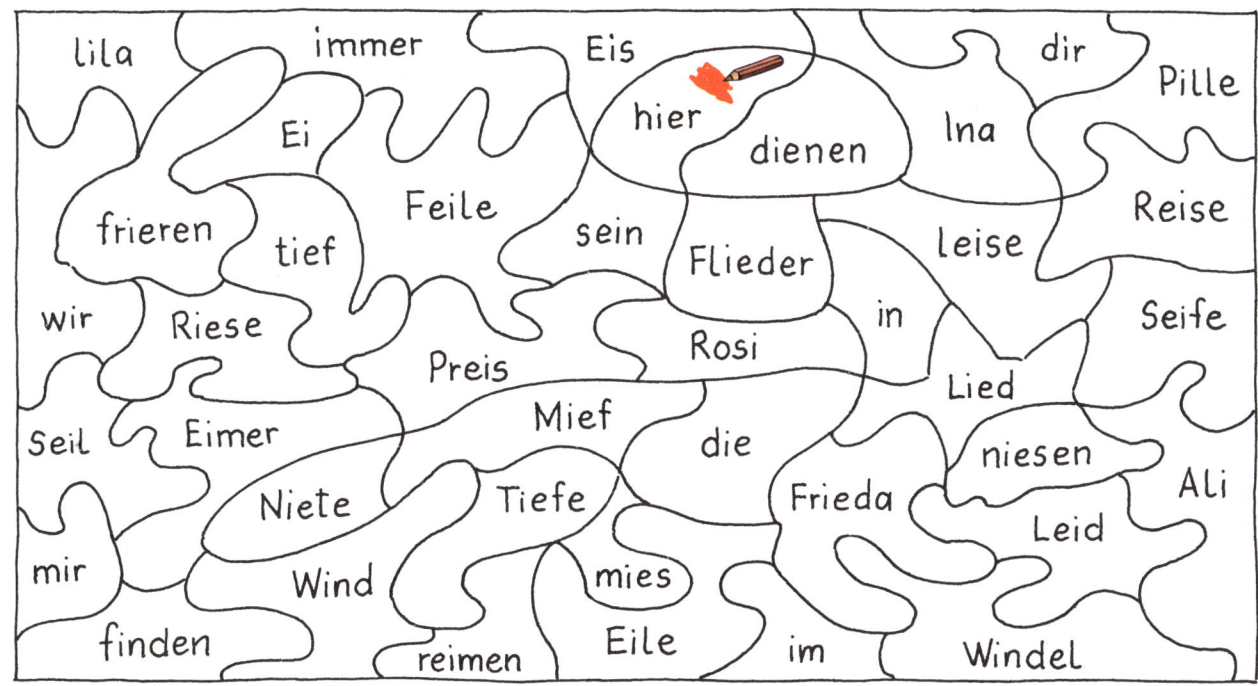

lila · immer · Eis · hier · dienen · dir · Pille · Ei · Ina · Feile · sein · Flieder · leise · Reise · frieren · tief · wir · Riese · in · Seife · Preis · Rosi · Lied · Seil · Eimer · Mief · die · niesen · Ali · Niete · Tiefe · Frieda · Leid · mir · Wind · mies · finden · reimen · Eile · im · Windel

---

2 **sie** oder **er** ?

⑤ **sie** isst   ⃝ _____ redet   ⃝ _____ niest

⃝ _____ rennt   ⃝ _____ liest   ⃝ _____ friert

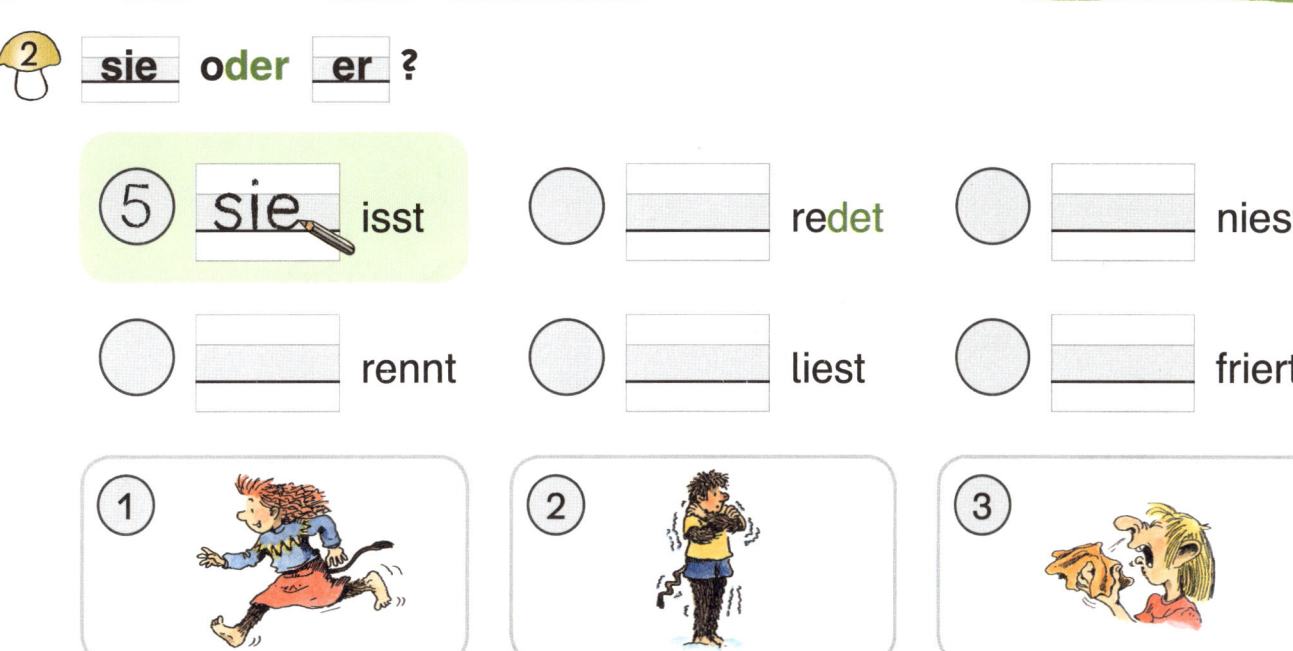

1 alle Felder mit *ie* rot ausmalen
2 passende Bildnummern und Pronomen *sie* oder *er* vor die Verben schreiben

1

A a   E e   I i   ie   O o   Ei ei

W**ie**se

Papier

Tier

Riese

2

Seltsame Tiere

Wes ⊃ se

Ha ⊃ te

Af ⊃ pe

En ⊃ fe

Diese Tiere sind enthalten:

● die Wespe

● die

● der

● der

3

Finde die

drei Tiere

mit einem Fell.

---

1 Vokale rot nachspuren, Silbenbögen zeichnen
2 EINFÜHRUNG die richtigen Silben anhand der Bilder und Namen der Fantasietiere zu den richtigen Namen zusammensetzen und schreiben
3 Tiere mit Fell finden und ausmalen (Wolf, Hase, Affe)

Ch ch

Chor

Milch

Dach

1

a t
ch

acht

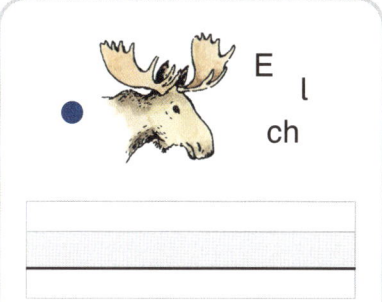
E
l
ch

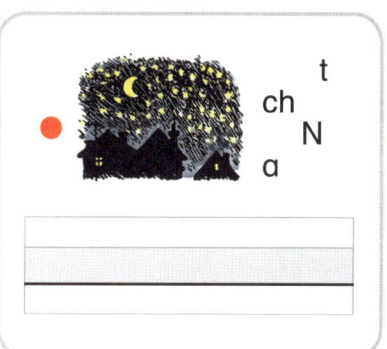
t
ch N
a

2

 Fach   Dach

 Molch

lochen

3

ch wie in

Licht

Male alle **ch** wie in Mil**ch**  lila nach.

Male alle **ch** wie in Da**ch** rot nach.

Licht   Nacht   lachen   weich

China   Woche   machen   Elch

---

1 Wörter mithilfe der vorgegebenen Buchstaben verschriften
2 graue Buchstaben unter den Sternchen jeweils der rechten Abbildung entsprechend austauschen und neues Wort schreiben
3 EINFÜHRUNG Aufgabe gemäß der Anweisung durchführen; DIFF: unterschiedliche Mundstellung bei der Lautbildung beobachten – P

1 **Wel**ches Teil passt nicht?

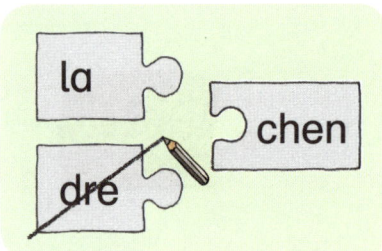

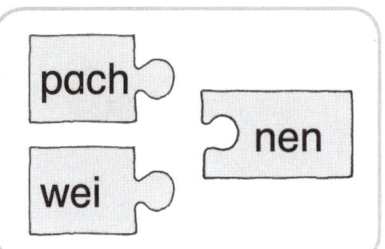

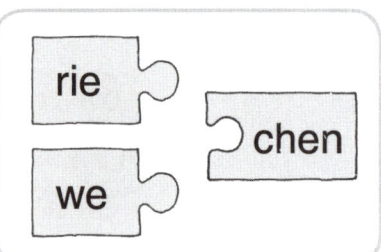

 2 Alles mit **ch**? Nein. Immer in einem Wort ist nicht das **ch**.

 acht

1 Dach

Elch

Dra**chen**

Ei**ch**el

Wi**ch**tel

 3

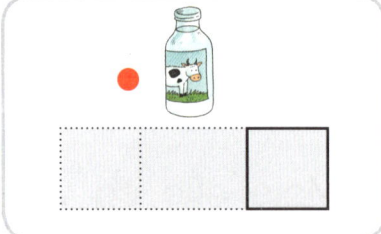

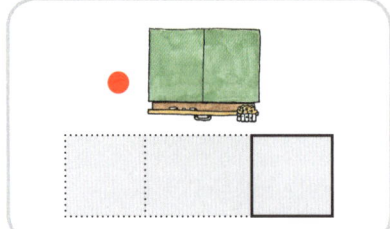

1 EINFÜHRUNG Wörter zusammengesetzt lesen und jeweils die nicht zur Endsilbe passende Anfangssilbe durchstreichen
2 EINFÜHRUNG Bilder zu Wörtern ohne ch durchstreichen; Bilder zu Wörtern mit ch den Wörtern durch Nummerierung zuordnen
3 Bildwörter nach dem Endlaut abhören; unter die Bilder, deren Wort mit dem Ch/ch-Laut endet, die Buchstaben ch schreiben.

1 Was reimt sich?

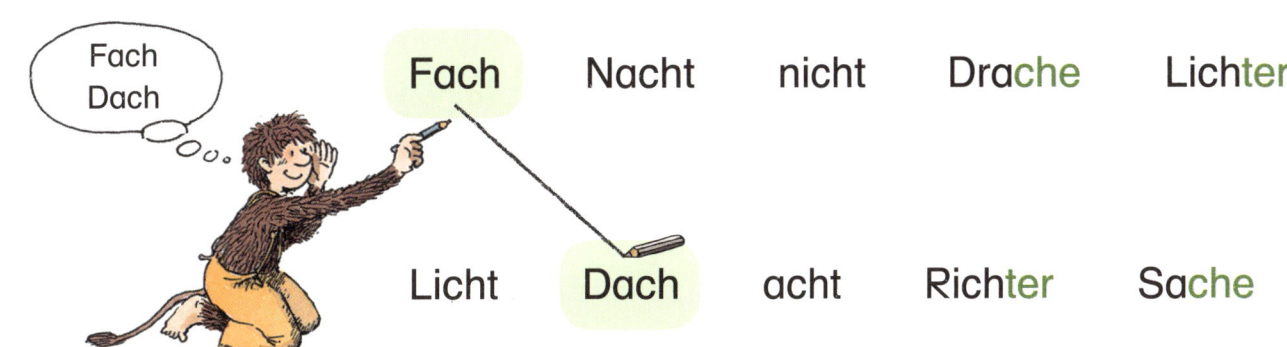

Fach
Dach

Fach	Nacht	nicht	Drache	Lichter
Licht	Dach	acht	Richter	Sache

2

Nimm immer
2 Teile!

rech nen

4 + 4 + 3 =

rie	ten
rech	chen
la	chen
flech	nen

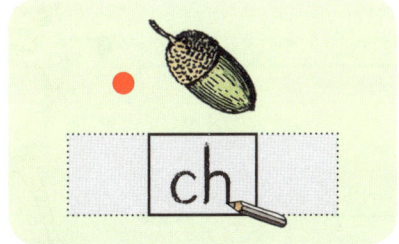 rechnen

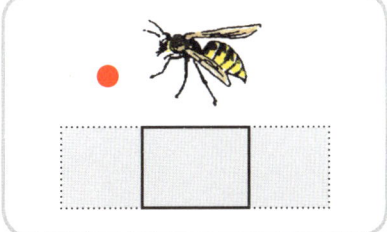

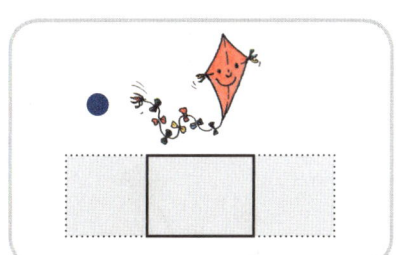

3

ch		

1 EINFÜHRUNG Reimwörter miteinander verbinden
2 EINFÜHRUNG zu den Bildern passende Wörter (Verben) aus den vorhandenen Silben bilden und schreiben
3 Bildwörter nach dem Inlaut abhören; unter die Bilder, bei denen im Inlaut ein Ch/ch-Laut zu hören ist, die Buchstaben ch schreiben
TEST 3 (Das kann ich schon)

55

B b

1

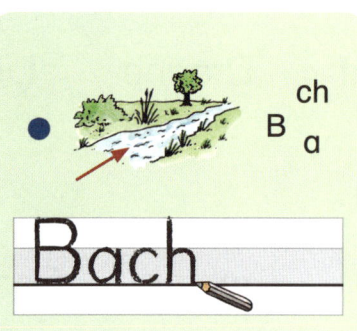
ch
B
a

Bach

e b
R a

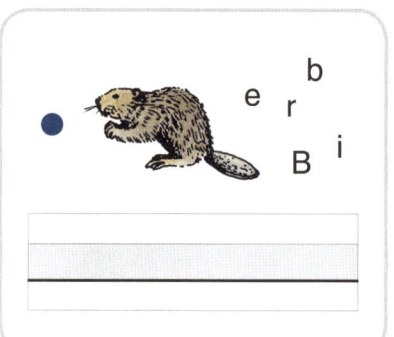
e b
r
B i

2 Male alle Felder mit **b** oder **B** an.

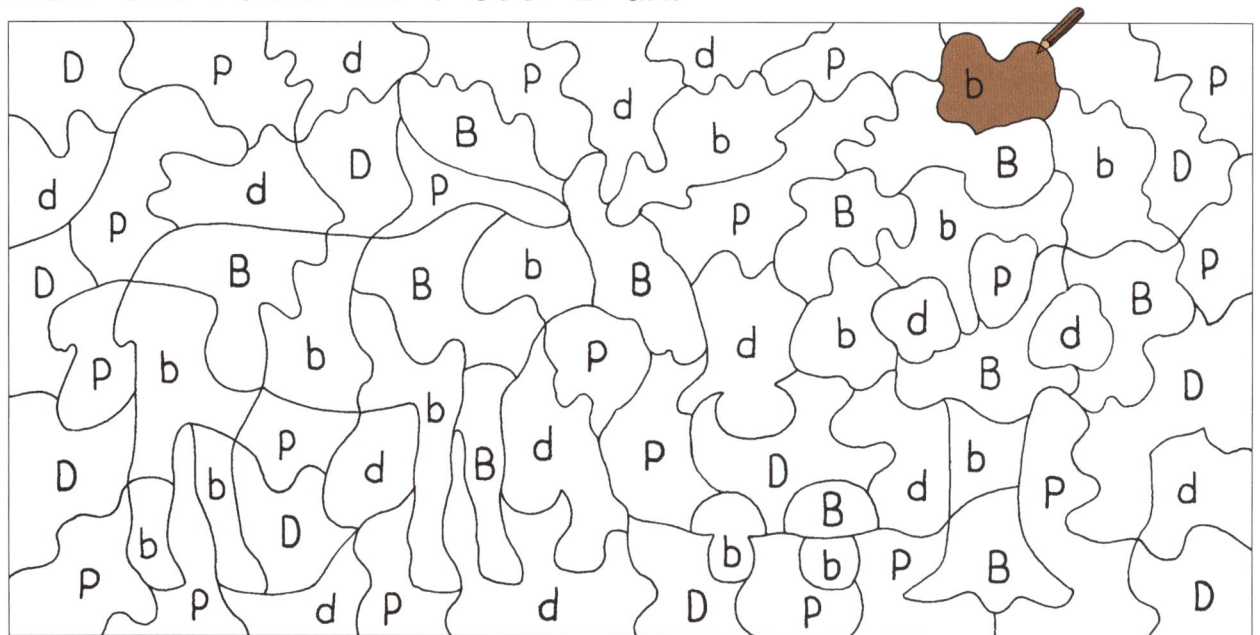

3

Nebel   Nabel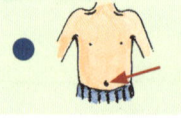

 Hand

Leine

1 Wörter mithilfe der vorgegebenen Buchstaben verschriften
2 Aufgabe gemäß der Anweisung durchführen
3 graue Buchstaben unter den Sternchen jeweils der rechten Abbildung entsprechend austauschen und neues Wort schreiben

1 Male in allen **B** das **b** rot.   Male immer ein **b**.

2 Silben – ein Wort

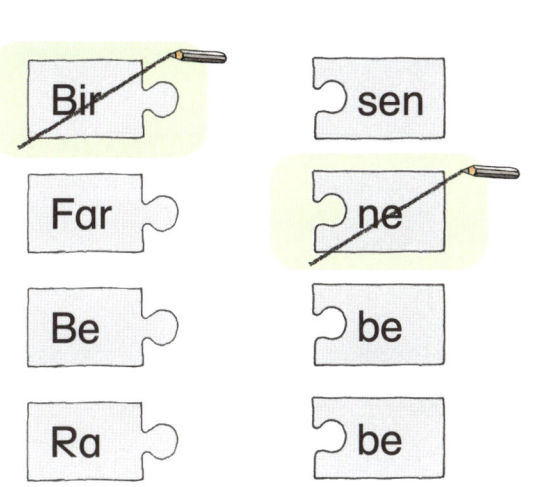

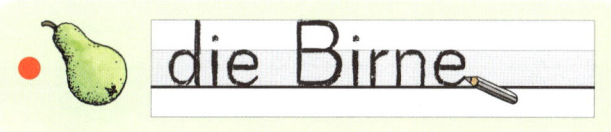
die Birne

der

der

die

Leben Enten in Betten? ◯ ⊗

Essen die Tobis Brot? ◯ ◯

Haben Raben sieben Beine? ◯ ◯

Leben Biber im Bach? ◯ ◯

Haben Biber acht Beine?
Nein!

1 EINFÜHRUNG Aufgaben nach Anweisungen durchführen
2 zu den Bildern passende Wörter aus den vorhandenen Silben bilden und schreiben
3 Aussagen lesen, prüfen und ja oder nein ankreuzen; DIFF: eigene Fragen finden und mit ja oder nein beantworten lassen – P/G

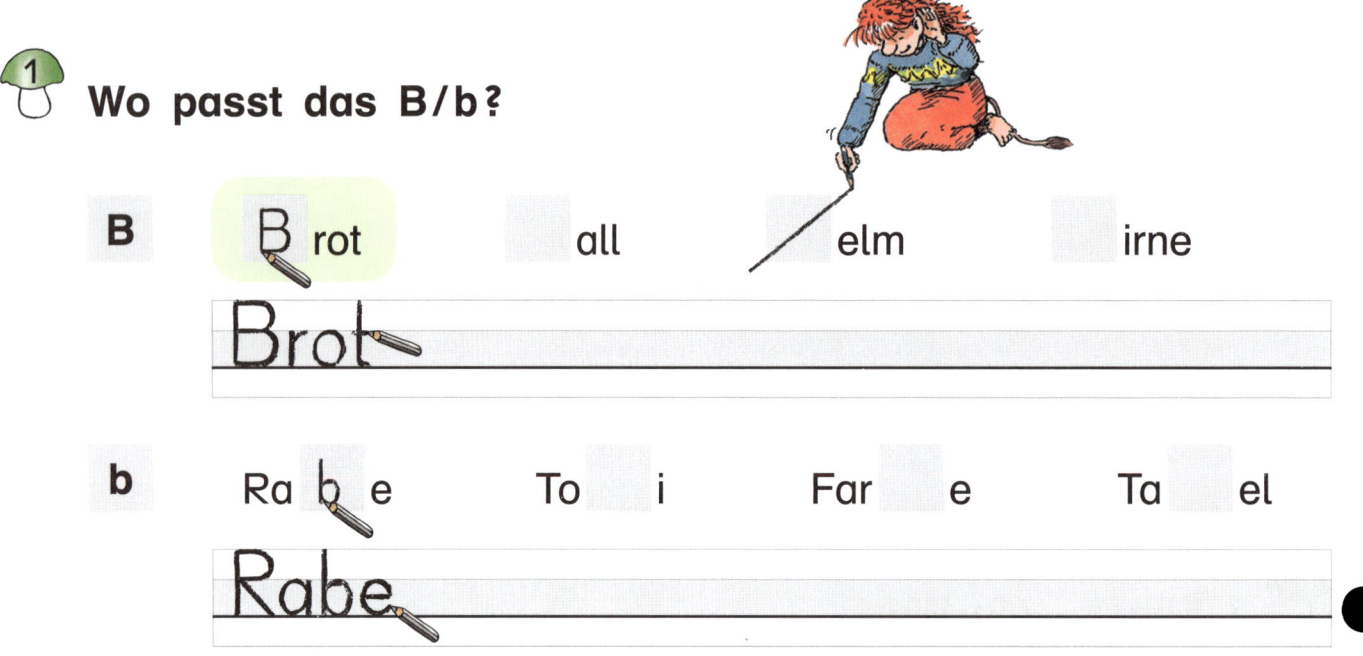

B b

1 Wo passt das B/b?

B   **B**rot   all   elm   irne

Brot

b   Ra b e   To i   Far e   Ta el

Rabe

2

Das sind Farben:

rot ✓   lieb
rosa ✓   lila ✓

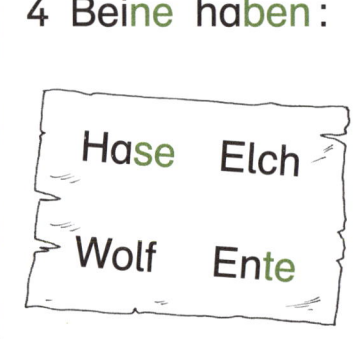

4 Beine haben:

Hase   Elch
Wolf   Ente

Im Wasser leben:

Wal   Biene
Delfin   Biber

---

3 Welches Wort passt nicht?

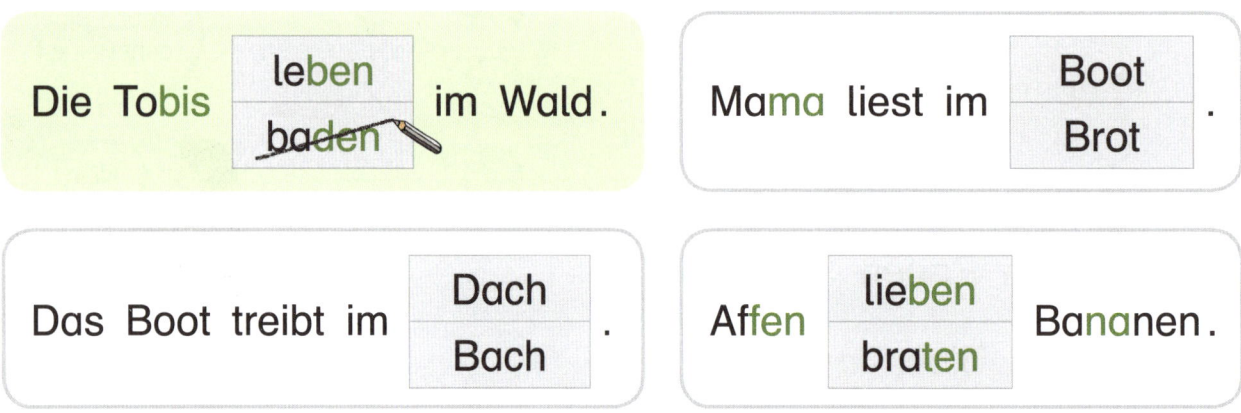

Die Tobis leben / baden im Wald.

Mama liest im Boot / Brot .

Das Boot treibt im Dach / Bach .

Affen lieben / braten Bananen.

1 EINFÜHRUNG die Wortruinen jeweils mit B oder b vervollständigen, Unsinnswörter durchstreichen; richtige Wörter schreiben
2 EINFÜHRUNG jeweils das Wort durchstreichen, das nicht zu den Angaben über den Zetteln passt, alle anderen Wörter abhaken
3 EINFÜHRUNG nicht zum Satz passendes Wort durchstreichen

1 **D/d** oder **P/p** oder **B/b** ?

P p   d   p   b

D   b   D   P

P   B   B   d

2

Male das Obst an.

Leo frisst eine Birne.

Der Rabe findet eine Brille

beim Boot.

Der Wald hat Farben

wie im Herbst.

1 EINFÜHRUNG die vorhandenen Buchstaben nachspuren; die jeweils fehlenden Groß- oder Kleinbuchstaben ergänzen
2 Bilder nach den Angaben ergänzen

U u

 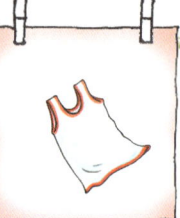

1

H
t
u

Hut

b
e
u T

r
s
W u t

---

2 Suche das Wort **und**.

Wunder   Mund   **Lumpen**   rund   Bruder
Ruder   *wundern*   Hund   Plunder   **bunt**

3

	a	e	i (ie)	o	u
	rasen	lesen	finden	trommeln	rufen
	rasten	rennen	binden	toben	turnen
	blasen	hecheln	niesen	loben	brummen
	wandern	bellen	frieren	rodeln	rudern
	radeln	reden	rasieren	rollen	pusten
	lachen	heben	riechen	horchen	husten

u
und

1 Wörter mithilfe der vorgegebenen Buchstaben verschriften
2 EINFÜHRUNG Wort *und* innerhalb der Wörter einkreisen
3 EINFÜHRUNG Ein Kind sagt einen Selbstlaut (Vokal) und würfelt eine Zahl, das andere liest das entsprechende Wort (Verb) aus der Spalte vor, erklärt es und stellt es pantomimisch dar – P oder G

2 Silben – ein Wort

Pup	fer
U	me
Blu	pe

das Ufer

die _____

die _____

A a E e I i ie O o U u Ei ei

 Suppe

 Uhu

 Bus

 Tube

Opa sucht seine Brille. Wo ist sie nur?

○ unter dem Hut   ○ neben dem Buch

○ Leo hat sie   ○ hinter der Blume

1 zu den Bildern passende Wörter aus den vorhandenen Silben bilden und schreiben
2 Vokale rot nachspuren, Silbenbögen zeichnen
3 EINFÜHRUNG mithilfe des Bildes die richtige Antwort auf die Frage ankreuzen

 **Mond** **Mund**

 **Mutter**

 **Bach**

Ela isst Nudeln.

Alo isst Suppe mit Wurst.

Elas Puppe ist unten

in der Wiese.

Der Troll pustet

einen Luftballon auf.

Der Troll flucht.

Sein Hut treibt im Fluss.

1 graue Buchstaben unter den Sternchen jeweils der rechten Abbildung entsprechend austauschen und neues Wort schreiben
2 Bilder nach den Angaben ergänzen

eh oh
ah ih uh

Hahn

Reh

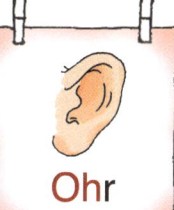
Ohr

1

● H n uh

Huhn

● S ah e n

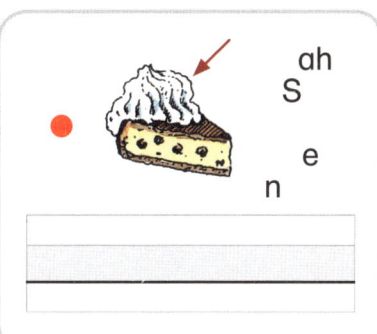

● F n ah e

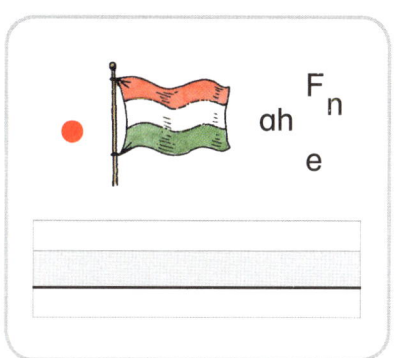

2

① die Uhr ② das Foh**len** ③ die Fahne

④ der Hahn ⑤ der Feh**ler** ⑥ der Mohn

○ ●

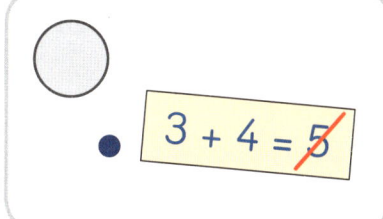
○ 3 + 4 = 5 ●

○ ●

① ●

○ ●

○ ●

3

Sahne **Fahne**  ●

Ohr _____ ●

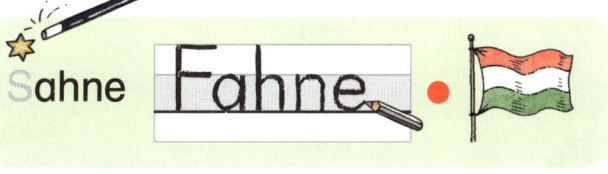

Bahn _____ ●

Mohn _____ ●

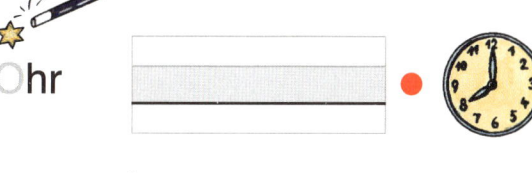

---

1 Wörter mithilfe der vorgegebenen Buchstaben verschriften
2 Bilder den Wörtern durch Nummerierung zuordnen
3 graue Buchstaben unter den Sternchen jeweils der rechten Abbildung entsprechend austauschen und neues Wort schreiben

1 Welches Teil passt nicht?

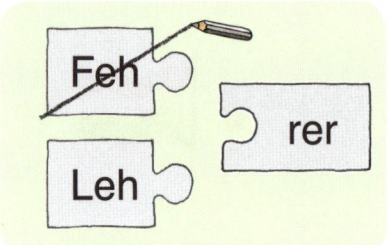

Feh
Leh
rer

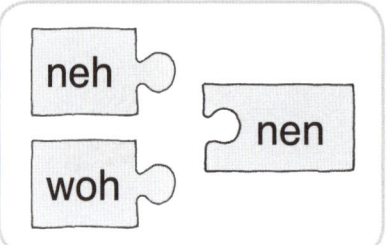

neh
woh
nen

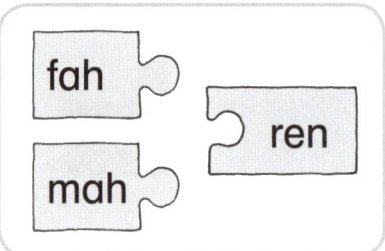

fah
mah
ren

---

 2 Wahr oder nicht wahr?

Die Tobis wohnen im Wald. ⊗ ◯

Ich mache nie Fehler. ◯ ◯

U-Bahnen fahren unter der Erde. ◯ ◯

Eine Uhr tut sehr weh. ◯ ◯

Lehrer wissen alles.

Das ist nicht wahr!

---

 3 Im rechten Bild sind acht Fehler.

Male um die Fehler einen roten  .

1 Wörter zusammengesetzt lesen und jeweils die nicht zur Endsilbe passende Anfangssilbe durchstreichen
2 Aussagen lesen, prüfen und ja oder nein ankreuzen; DIFF: eigene Aussagen finden und mit wahr oder nicht wahr beantworten lassen – P/G
3 EINFÜHRUNG Aufgabe gemäß der Anweisung durchführen

K k

 s e K k

Keks

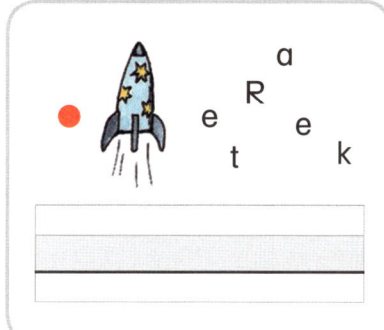 a R e e k t k

 K u n e ch

---

Welches Teil passt nicht?

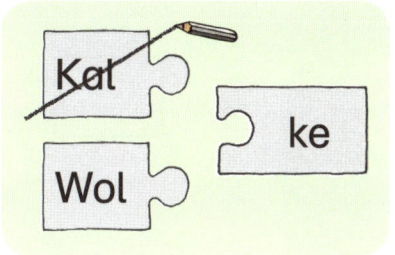

Kat — ke
Wol

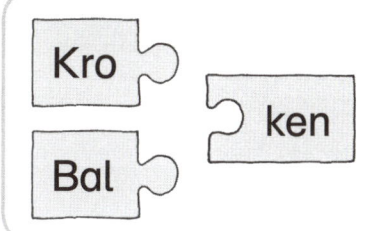

Kro
Bal — ken

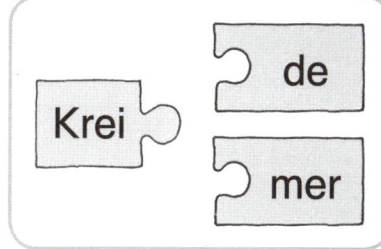

Krei — de
mer

Silbenkerne

Eine Silbe hat immer einen Silbenkern.

Alle Silbenkerne sind im Tobi-Tor rot.

A a   E e   I i   ie   O o   U u   Ei ei

Ich bin ein Silbenkern.
Ich auch!

Kaktus

Paket

Kleid

Kuchen

---

1 Wörter mithilfe der vorgegebenen Buchstaben verschriften
2 Wörter zusammengesetzt lesen und jeweils die nicht passende Silbe durchstreichen
3 Vokale rot nachspuren, Silbenbögen zeichnen; im Klassengespräch auf die Regelhaftigkeit eingehen – G

1

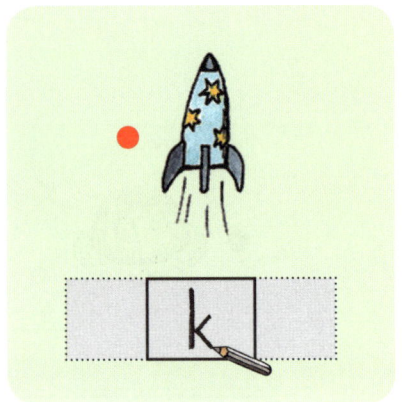

k

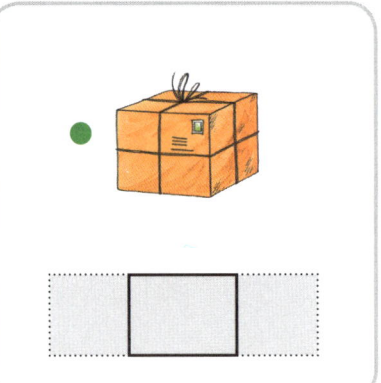

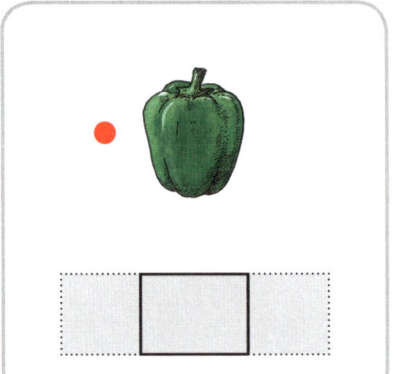

2 **Was ist mit diesen Kobolden passiert?**

① Einer kehrte den Kamin.   ② Einer war baden.

③ Einer fiel in einen Kaktus.   ④ Einer kochte Nudeln.

1

1 Bildwörter nach dem Inlaut abhören; unter die Bilder, bei denen im Inlaut ein K/k-Laut zu hören ist, den Buchstaben k schreiben
2 EINFÜHRUNG Kobolde den Sätzen durch Nummerierung zuordnen

2 Silben – ein Wort

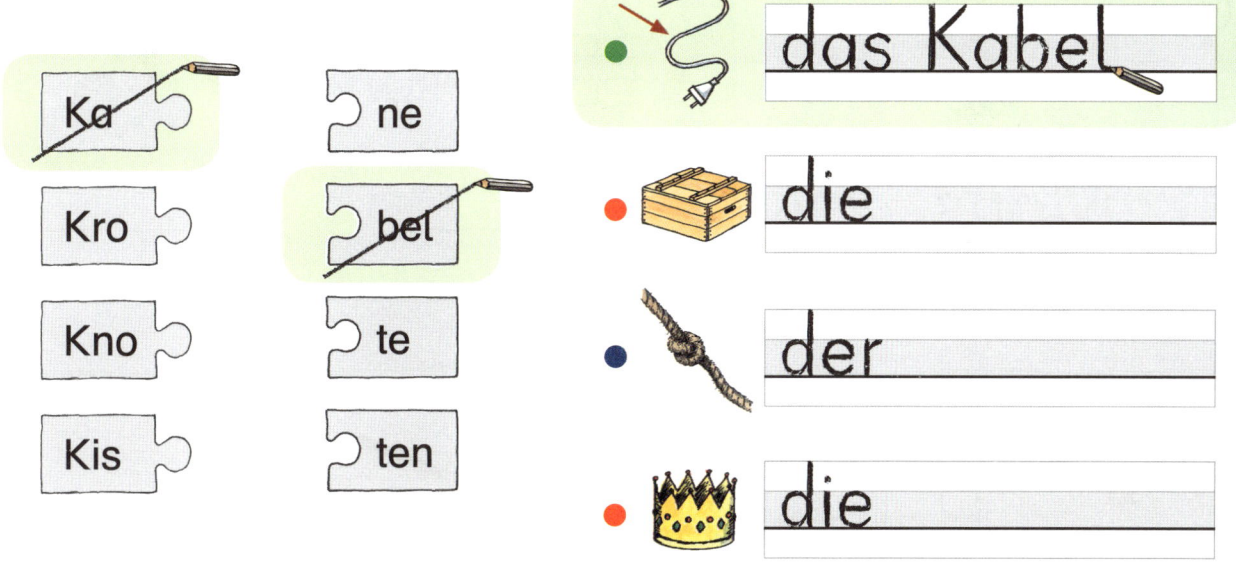

Ka | ne
Kro | bel
Kno | te
Kis | ten

das Kabel

die

der

die

Welcher Kobold passt?

① Der Kobold mit der Maske hat eine Krawatte um.

② Der Kobold mit der Brille hat einen Bart am Kinn.

③ Der Kobold mit der Kappe hat eine Kette um.

④ Der Kobold mit der Narbe hat blonde Haare.

1 zu den Bildern passende Wörter aus den vorhandenen Silben bilden und schreiben
2 EINFÜHRUNG Kobolde den Sätzen durch Nummerierung zuordnen und nach den Angaben ergänzen

Au au

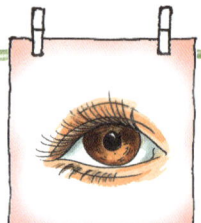

1

M s
au

Maus

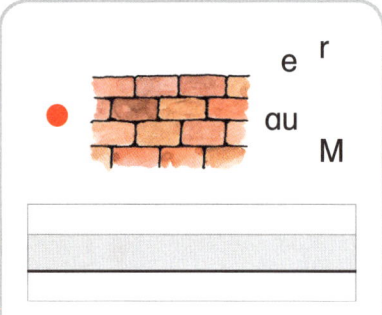

e r
au
M

r au
F

2

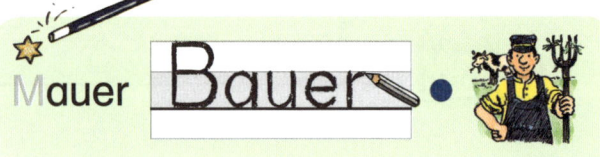

Mauer **Bauer**

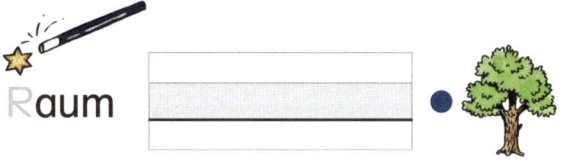

Raum

Laus

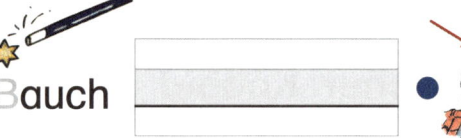

Bauch

3

Welches Teil passt nicht?

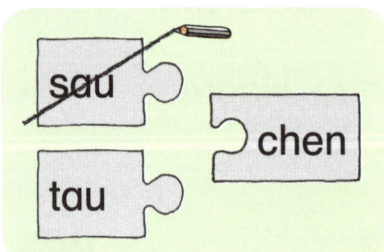

~~sau~~
tau
chen

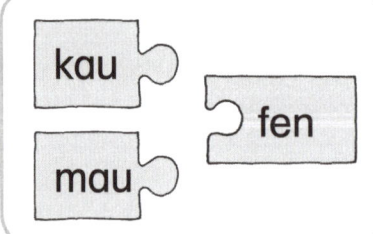

kau
mau
fen

mau
hau
ern

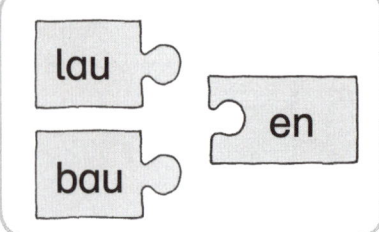

lau
bau
en

tau
trau
ern

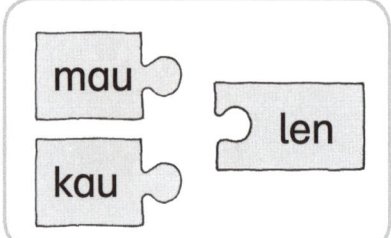

mau
kau
len

1 Wörter mithilfe der vorgegebenen Buchstaben verschriften
2 graue Buchstaben unter den Sternchen jeweils der rechten Abbildung entsprechend austauschen und neues Wort schreiben
3 Wörter zusammengesetzt lesen und jeweils die nicht passende Silbe durchstreichen

1 Selbstlaute

Die Silbenkerne nennt man auch Selbstlaute.

A a   E e   ie   I i   O o   U u   Ei ei   Au au

Mauer   Raupe   Haus   Auto

---

2 Lies und male.

Auf dem Laubbaum ist eine Taube.

Aus dem Haus kommt Rauch.

Auf der Mauer ist eine Raupe.

1 Vokale rot nachspuren, Silbenbögen zeichnen
2 Abbildung entsprechend der Textvorgabe ergänzen

2-mal   **: Sinn oder Unsinn?**

Der Kobold   seinen Kater.

Ole   auf einem Knochen.

Ela   an einem Keks.

Der Maurer   ein Haus.

Alo   ein Krokodil.

Tobi-Papa   Sauerkraut.

krault

kaut

knabbert

baut

knetet

kocht

 Au/au oder Ei/ei?

 die R au pe    der D____men

 die S____fe    das ____to

 die Kr____de    die M____se

 das H____s    die W____ntr____be

1 EINFÜHRUNG ein Kind würfelt zweimal (je einmal für den Satz und das einzusetzende Verb), das andere Kind liest den entstandenen Satz vor – P
2 EINFÜHRUNG Lückenwörter durch Einsetzen von Au/au oder Ei/ei ergänzen

Pf pf

1

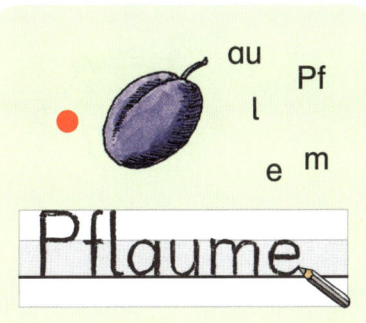

au Pf
l
e m

Pflaume

K
pf o

t e
o
Pf

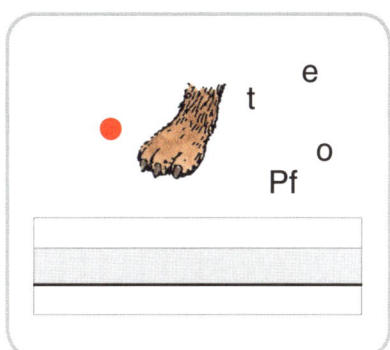

2

① die Pfeife   ② der Pfirsich   ③ die Pfanne

④ der Pfeil   ⑤ das Pferd   ⑥ das Pflaster

3

pf

1 Wörter mithilfe der vorgegebenen Buchstaben verschriften
2 Bilder den Wörtern durch Nummerierung zuordnen
3 Bildwörter nach dem Endlaut abhören; unter die Bilder, deren Wort mit dem Pf/pf-Laut endet, die Buchstaben pf schreiben.

Sch sch

 1

 Sch uh

Schuh

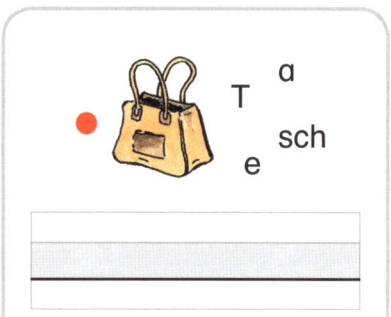 T a sch e

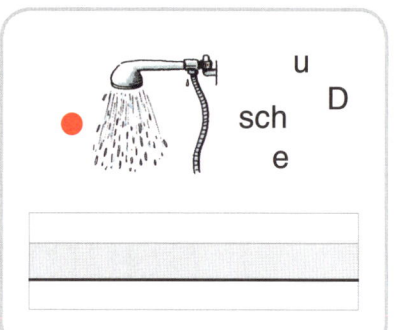 u sch e D

 2

 Schaukel

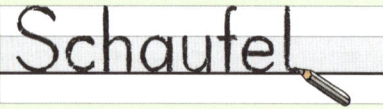 Schaufel

Schule

Schal

 3

Welcher Schatten passt an welches Bild?

3

1 Wörter mithilfe der vorgegebenen Buchstaben verschriften
2 graue Buchstaben unter den Sternchen jeweils der rechten Abbildung entsprechend austauschen und neues Wort schreiben
3 richtige Schattennummern unter die Bilder schreiben

1 Was ist falsch?

Tausche die roten Selbstlaute aus.

Fosch   Maschel   Schurbe   Schichtel   Schrunk   Tosche

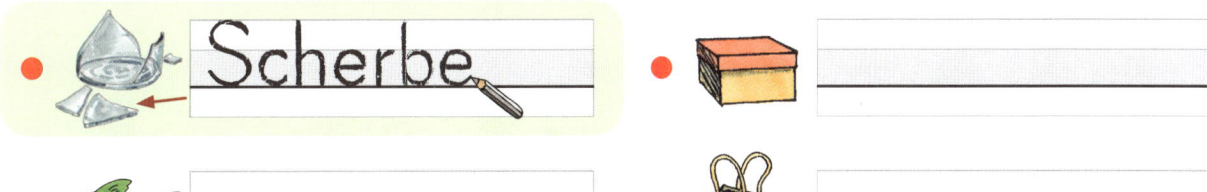

Scherbe

2 Dreimal

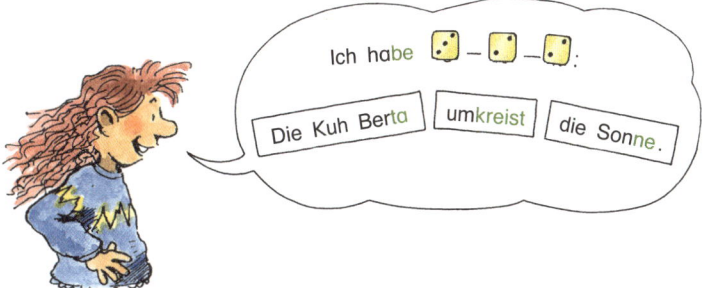

Ich habe 🎲 – 🎲 – 🎲 :

Die Kuh Berta | umkreist | die Sonne.

⚀ Tante Mascha	⚀ liebt	⚀ Onkel Otto.
⚁ Die Erde	⚁ umkreist	⚁ die Sonne.
⚂ Die Kuh Berta	⚂ kaut	⚂ den Klee.
⚃ Der Schwan	⚃ trinkt	⚃ Wasser.
⚄ Die Amsel	⚄ baut	⚄ ein Nest.
⚅ Mein Papa	⚅ kocht	⚅ Suppe.

---

1 EINFÜHRUNG Wörter lesen, durch probierenden Austausch der Vokale sinnvolle Wörter bilden und zu den passenden Bildern schreiben
2 EINFÜHRUNG dreimal (für jeden Satzteil einmal) würfeln, entstehenden Satz lesen – P/G

1 2 Silben – ein Wort

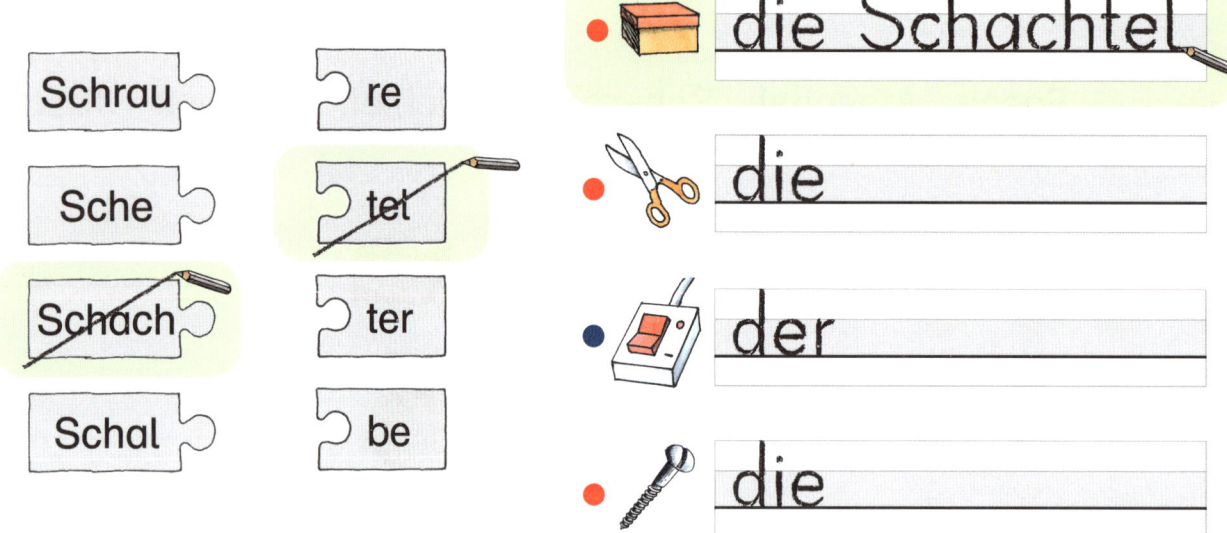

Schrau ⌇ re

Sche ⌇ tel

Schach ⌇ ter

Schal ⌇ be

die Schachtel

die _____

der _____

die _____

---

2 Welches Wort passt?

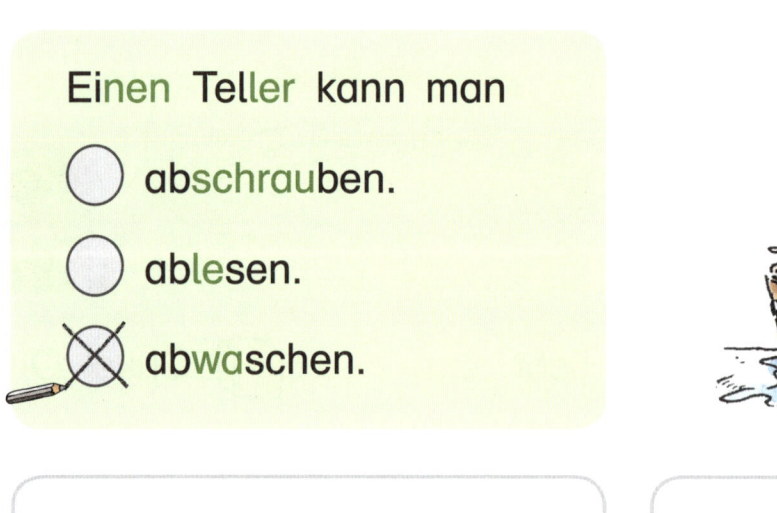

Einen Teller kann man

⚪ abschrauben.

⚪ ablesen.

⊗ abwaschen.

Ein Bild kann man

⚪ ausschlafen.

⚪ ausschneiden.

⚪ ausschreien.

Ein Wort kann man

⚪ aufschreiben.

⚪ aufschneiden.

⚪ aufwischen.

1 zu den Bildern passende Wörter aus den vorhandenen Silben bilden und schreiben
2 EINFÜHRUNG Sätze erlesen, passende Verben ankreuzen

Wer oder was kann schwimmen?

⊗ ein Schwan ◯ ein Fisch ◯ eine Scherbe

◯ ein Frosch ◯ eine Schere ◯ eine Schraube

Der Kirschsaft

ist schon leer. Schade!

Die Schachtel

mit den Flaschen ist schwer.

Er schreibt nur

seinen Namen.

Was macht der Frosch

auf dem Teller?

1 EINFÜHRUNG die Frage durch Ankreuzen der richtigen Aussagen beantworten – E/P/G
2 Bilder nach den Angaben ergänzen

G g

 1

g
e
l
l

Igel

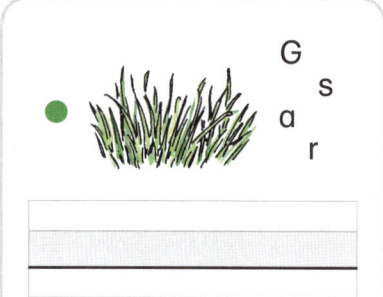
G
s
a
r

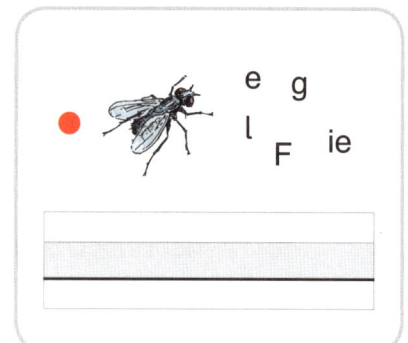
e g
l
F ie

 2

Nadel

Nagel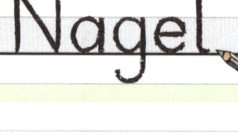

Gras

Gold

Kabel

 3

Was ist gelogen?

Wenn man Grippe hat, ist man gesund.

○ Igel haben ein glattes Fell.

○ Eine Gans kann fliegen.

○ Gurken sind giftig.

1 Wörter mithilfe der vorgegebenen Buchstaben verschriften
2 graue Buchstaben unter den Sternchen jeweils der rechten Abbildung entsprechend austauschen und neues Wort schreiben
3 auf die Frage zutreffende Antworten ankreuzen

1 Hier fehlen Silben. Trage sie ein.

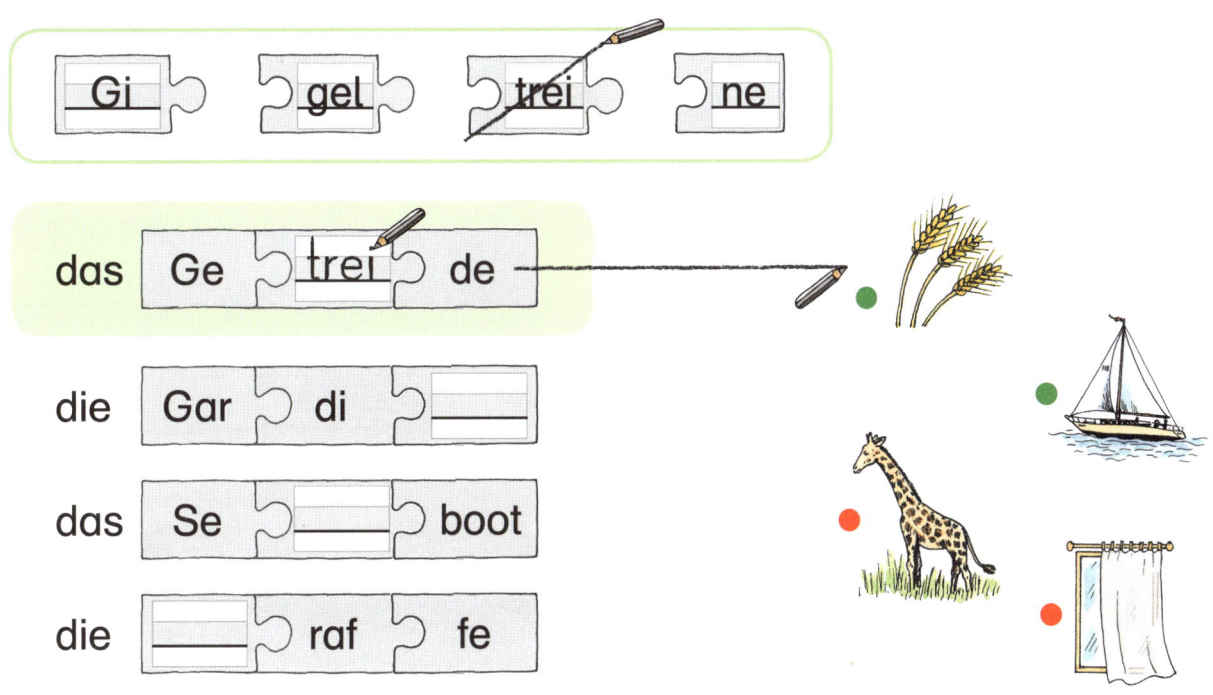

| Gi | gel | ~~trei~~ | ne |

das Ge | trei | de

die Gar | di |

das Se | | boot

die | raf | fe

---

2 **Was ist richtig? Was ist falsch?**

Im Tobi-Buch findest du die Antworten.

Auf Seite 15 wandern die Tobis ins Gebirge.

Das ist falsch! Sie wandern ins Tal!

Seite 19	Ela begegnet einem Wolf.	⊗ ◯
Seite 24	Ein Igel hilft Ela.	◯ ◯
Seite 29	Tobi-Mama liest gern Geschichten.	◯ ◯
Seite 31	Alo ist in Gefahr.	◯ ◯
Seite 36	Die Tobis geraten in ein Gewitter.	◯ ◯

1 Wörter gemäß den Abbildungen ergänzen, mit den passenden Abbildungen verbinden und verwendete Silbe oben durchstreichen
2 EINFÜHRUNG Aussagen mithilfe des Tobi-Erstlesebuchs prüfen, entsprechend richtig oder falsch ankreuzen;
DIFF eigene Aussagen zu Seiten im Buch machen und mit richtig oder falsch beantworten lassen – P/G

77

Z z

1

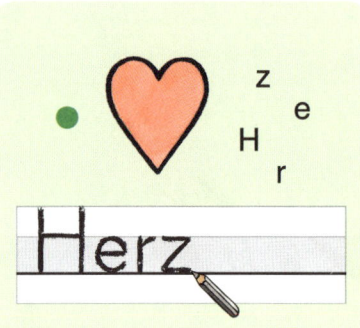

· z e
H r

Herz

· r t
A z

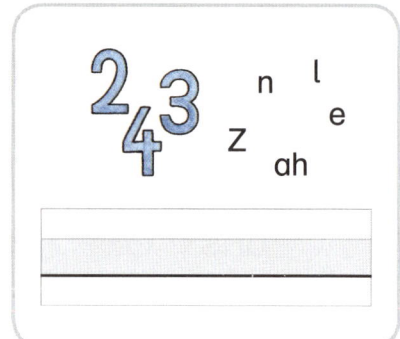

2 4 3 n l
z e ah

2

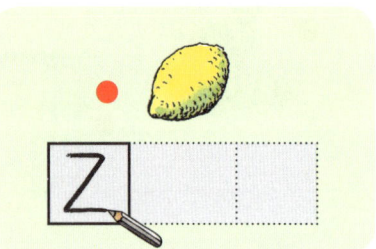

· Z

·

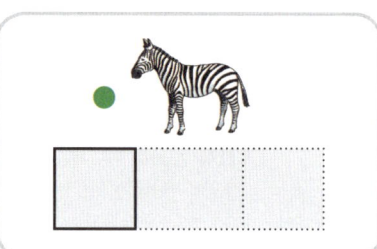

·

3

ZAUN   ZWEI   ZELT   KERZE   ZITRONE   HERZ   PILZ

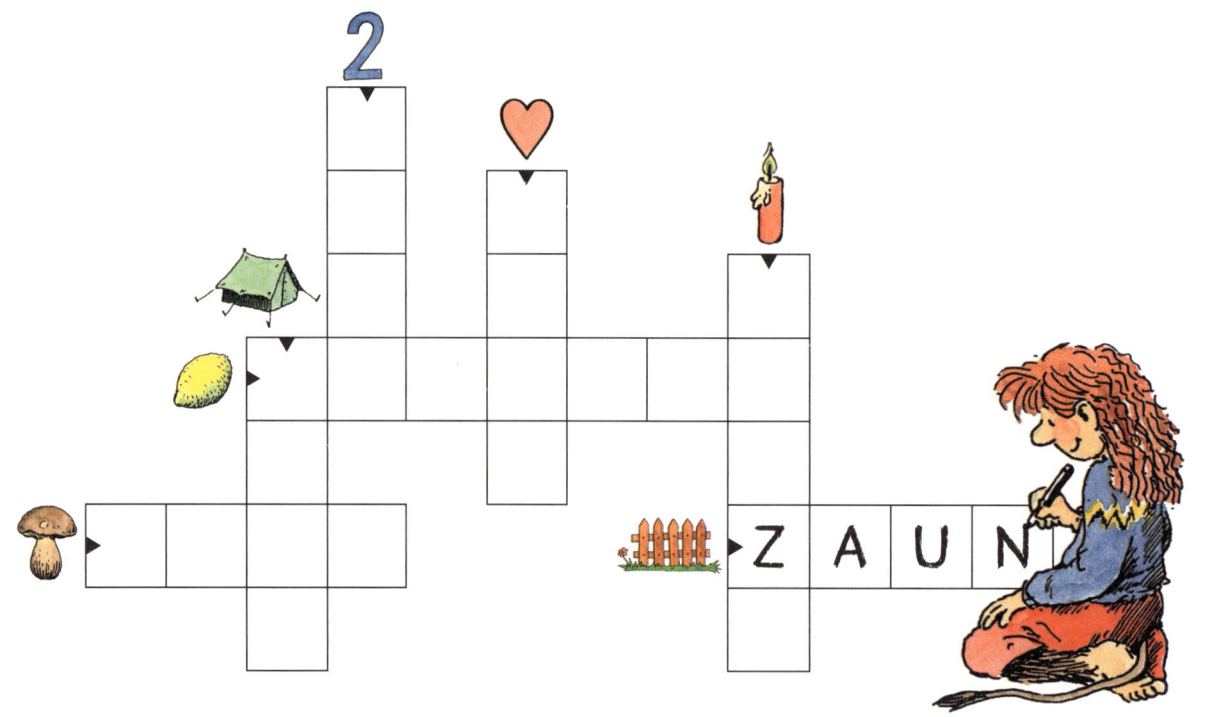

Z A U N

1 Wörter mithilfe der vorgegebenen Buchstaben verschriften
2 Bildwörter nach dem Anlaut abhören,; unter die Bilder, deren deren Wort mit den Z/z-Laut beginnt, den Buchstaben Z schreiben
3 EINFÜHRUNG Kreuzworträtsel: Wörter mit großen Druckbuchstaben eintragen; DIFF eigene Rätsel erfinden– P/G

1 Schreibe die richtigen Zahlen zu den Bildern.

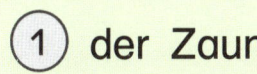 ① der Zaun  ② das Zelt  ③ die Zitrone  ④ der Zahn

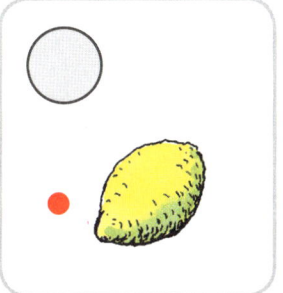
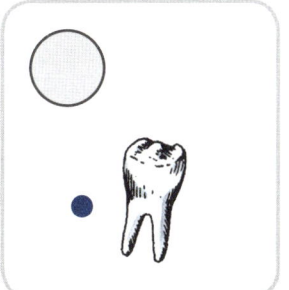

---

 2 Schreibe das passende Wort in den Zettel.

Aufgabe 1 zeigt dir das Wort.

Was ist das?

Man kann darin schlafen.

das Zelt

Seine Latten

sind aus Holz.

Er ist in

deinem Mund.

Du kaust damit.

Sie ist gelb und sauer.

1 Bilder den Wörtern durch Nummerierung zuordnen
2 Aufgabe gemäß der Anweisung durchführen; DIFF eigene Rätsel erfinden – P/G

79

1 **zu** , **zur** oder **zum** ?

Paul kann nicht  Schule gehen.

Er hat Zahnschmerzen. Er will _____ Zahnarzt.

Gut, dass sein Papa _____ Hause ist.

Paul geht nicht gerne allein _____ Arzt.

 2

Ela holt einen schwarzen Hut

aus dem Zelt.

Papa zieht die Ziege

und Ela schiebt sie.

Die Ziege

mag keine Zitronen.

Pilze und Tomaten

sollen noch auf die Pizza.

1 Sätze mit den passenden Präpositionen ergänzen
2 Bilder nach den Angaben ergänzen
TEST 4 (Das kann ich schon)

ck

Sack

 1

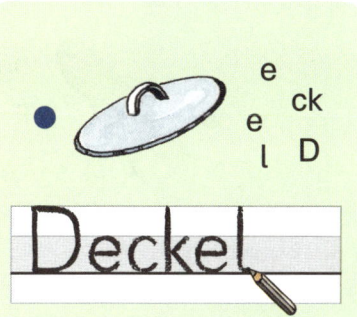

e
e   ck
l   D

Deckel

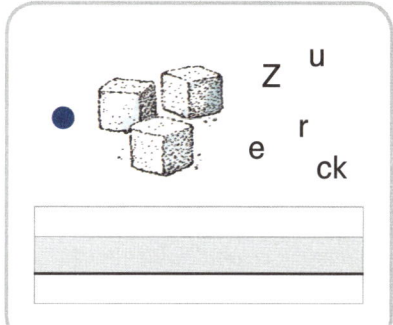

Z   u
r
e   ck

e   ck
Sch
n
e

---

 2   Suche Reime. Klebe das passende Bild zum Reimwort.

Schluck
Schmuck

Schluck

Glocken

Hecke

Backe

Lack

---

 3   ck oder ch ?

   Da ck el   Fle _____   su ____ en   we ____ en

Bau _____   Flo ____ e   schme ____ en   Da _____

De ____ el   Tri _____   krie ____ en   So ____ en

---

1 Wörter mithilfe der vorgegebenen Buchstaben verschriften
2 zu den Begriffen Reimwortbilder vom Klebebogen 2 suchen und passend aufkleben
3 Lückenwörter sinnvoll mit ch oder ck ergänzen

81

Ring

© 2020 Cornelsen Verlag GmbH, Berlin.
Alle Rechte vorbehalten.

 1

E l
ng
e

Engel

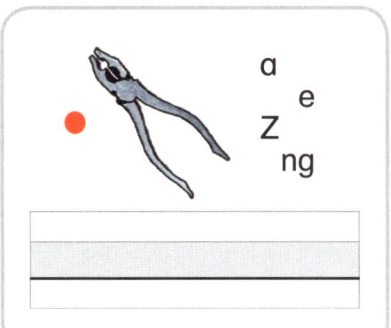

a
e
Z
ng

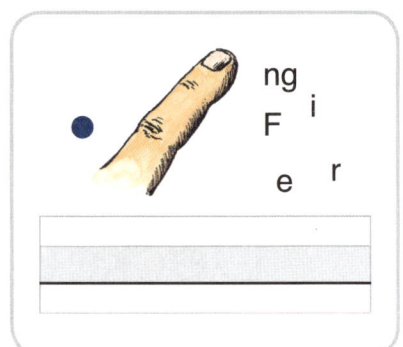

ng i
F
e r

---

2 Welcher Anfang passt zu welchem Ende? Ordne zu.

Schreibe dann die passende Zahl zum Bild.

① Manche Schlangen   klingt schrecklich.

② Papas Gesang   macht Mama keine Angst.

③ An den Fingern sind   werden acht Meter lang.

④ Dieser Geist   eine Menge Ringe.

1 Wörter mithilfe der vorgegebenen Buchstaben verschriften
2 EINFÜHRUNG Aufgabe gemäß der Anweisung durchführen

St st

i
St
f
t

Stift

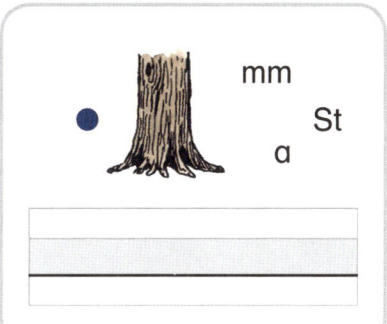

mm
St
a

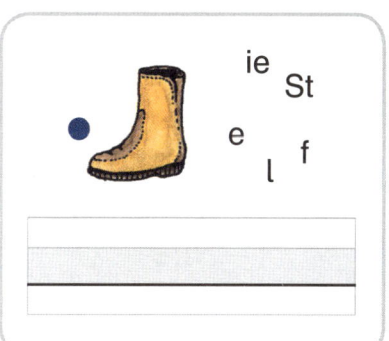

ie St
e
l f

Stube   Stufe

Stirn

Streich

Stahl

Schreibe alle **St** oder **st** wie in ⭐ **blau**.

Schreibe alle **st** wie in  **schwarz**.

Stufe   Angst   Stange   still

Stirn   basteln   staunen   lustig

Storch   Nest   Stift   stehen   Herbst

1 Wörter mithilfe der vorgegebenen Buchstaben verschriften
2 graue Buchstaben unter den Sternchen jeweils der rechten Abbildung entsprechend austauschen und neues Wort schreiben
3 Wörter nach dem Klang des St/st abhören und in den angegebenen Farben nachspuren

Zwei Silben – ein Wort

Stem	fel
Stie	fe
Ste	~~pel~~
Stu	cker

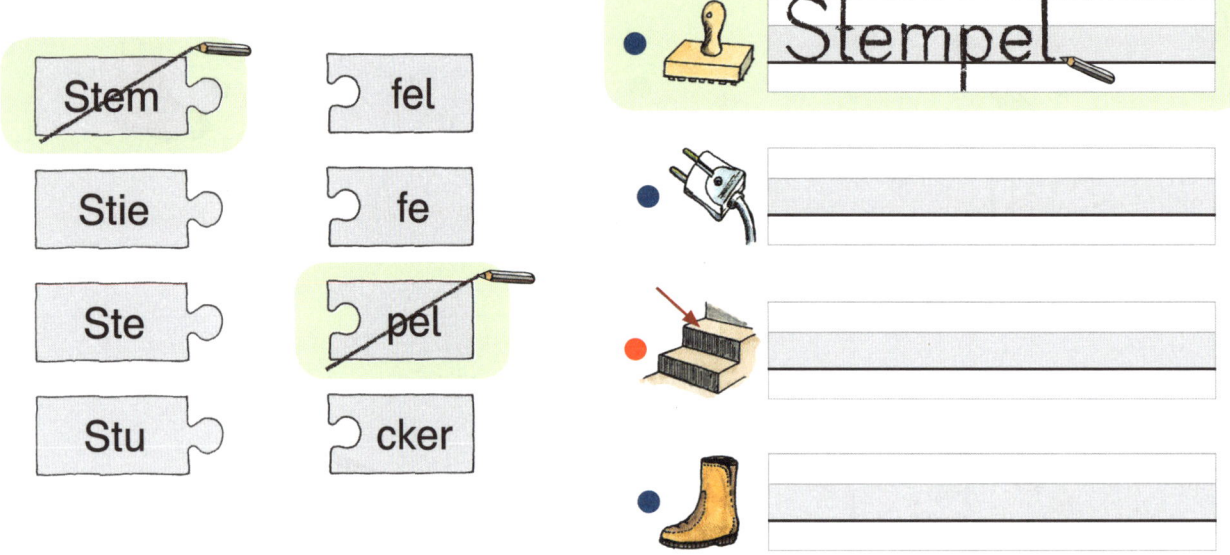

Stempel

stol	~~cken~~
~~stri~~	chelt
strei	pert

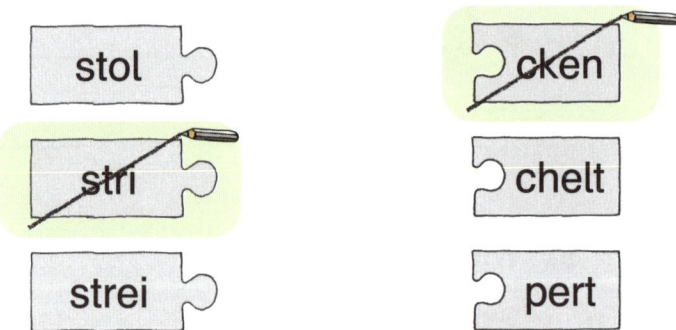

Alo will auch gerne **stricken** .

Ela _____ ein Kaninchen.

Da liegt ein Stein. Alo _____ .

1 zu den Bildern passende Wörter aus den vorhandenen Silben bilden und schreiben
2 Sätze ergänzen: zu den Bildern passende Verben aus den vorhandenen Silben bilden

1 **Was stimmt?**
Was stimmt nicht?

Ein Storch hat zwei lange Beine.

Ich glaube, das stimmt.

	stimmt	stimmt nicht
Ein Kaktus hat Stacheln.	⊗	◯
Der Stich einer Wespe tut weh.	◯	◯
Bei einem Sturm gibt es keinen Wind.	◯	◯

2 Welchen Weg nimmt Ela? Male den richtigen Weg aus.

Ela steigt die steilen

Stufen hinauf.

Sie nimmt den

schmalen Steg.

Elas Weg zum Strand

ist sehr lang.

Ela nimmt den Weg

in Richtung der Tannen.

1 Aussagen lesen, prüfen und *stimmt* oder *stimmt nicht* ankreuzen;
   DIFF eigene Aussagen finden und mit *stimmt* oder *stimmt nicht* beantworten lassen – P/G
2 EINFÜHRUNG Aufgabe gemäß der Anweisung durchführen

chs

Fuchs

1

6 s e
s chs
chs

sechs

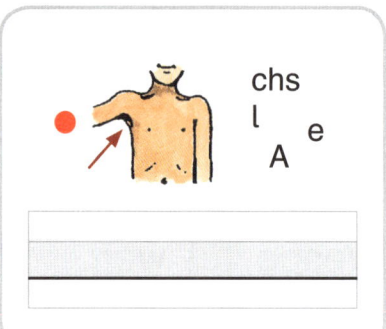

chs
l
A e

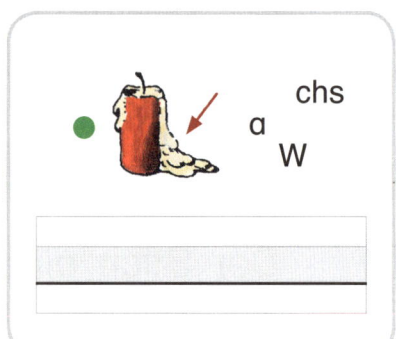

chs
a
W

---

2 **Wer sind die Tiere?**

(1) Der **Fuchs** hat einen langen Schwanz.

(2) Der **Luchs** hat Punkte im Fell.

(3) Der **Dachs** ist schwarz und hell.

(4) Der **Lachs** lebt nicht im Wald.

der Fuchs

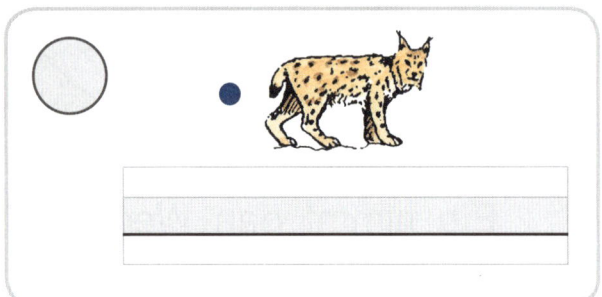

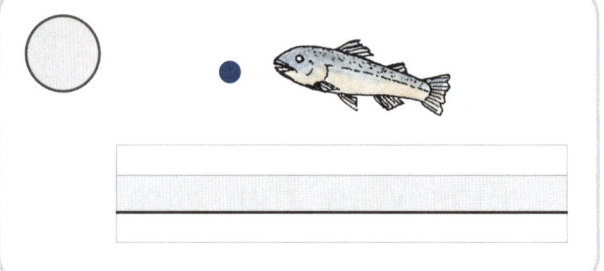

1 Wörter mithilfe der vorgegebenen Buchstaben verschriften
2 EINFÜHRUNG Tierbeschreibungen lesen, passendes Wort unter die Abbildungen schreiben
DIFF gemeinsam im Lexikon/Internet nach weiteren Tieren recherchieren – P

1

Luchs   Fuchs

Lachs

Dachs

2 **Was passt zusammen?**

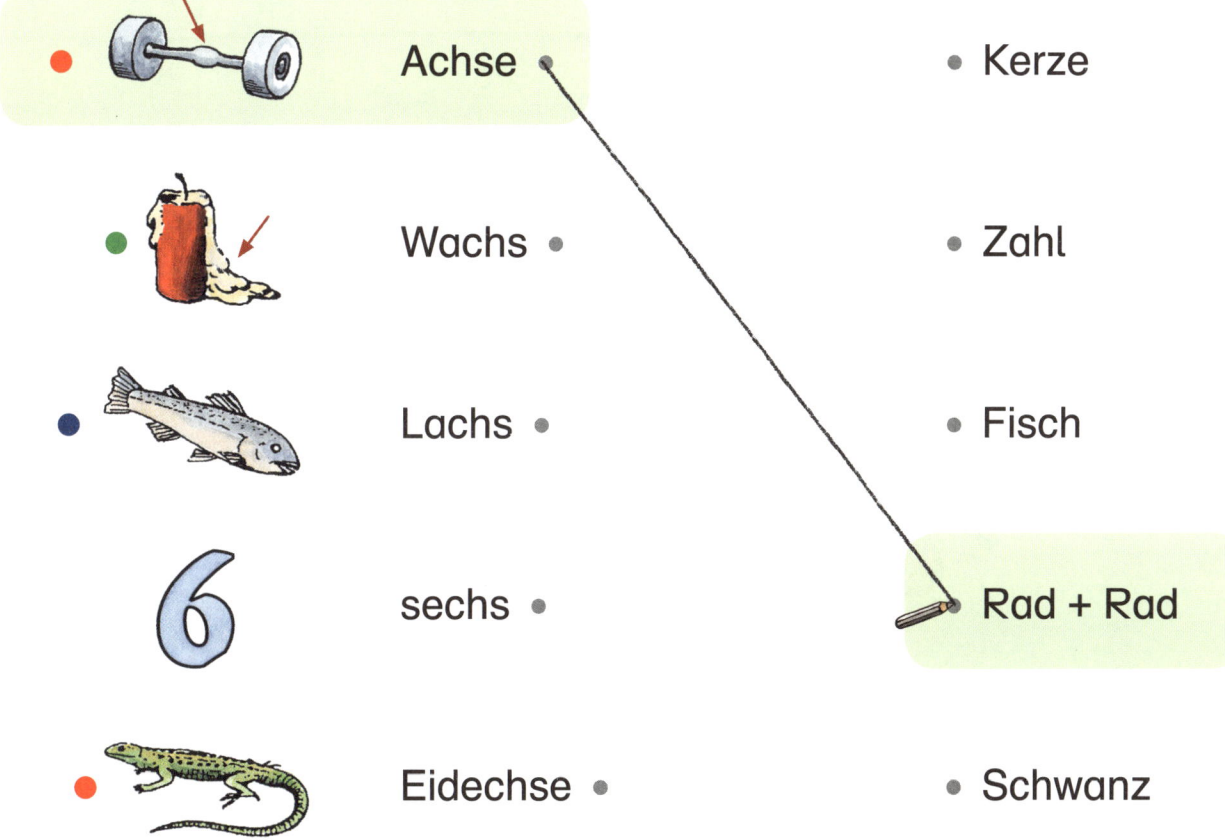

Achse •   • Kerze

Wachs •   • Zahl

Lachs •   • Fisch

sechs •   • Rad + Rad

Eidechse •   • Schwanz

1   graue Buchstaben unter den Sternchen jeweils der rechten Abbildung entsprechend austauschen und neues Wort schreiben
2   EINFÜHRUNG   Wörter der linken Spalte mit passenden Wörtern der rechten Spalte verbinden

Eu eu

1

Eu
o
r

Euro

r
e
F eu

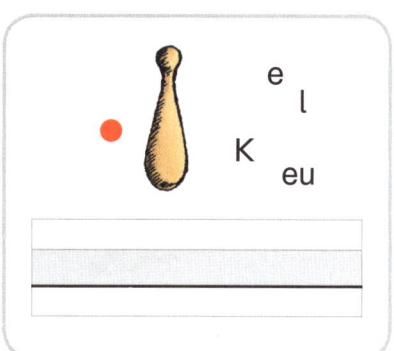

e
l
K eu

2

A a   E e   I i   O o   U u   ie   Ei ei   Au au   Eu eu

Eule

neun   Zeugnis   Leute

3

Ei/ei o**der** **Eu/eu** ?

① der B eu tel   ② das Kr____z   ③ der St____n

④ der Fr____nd   ⑤ der ____ro   ⑥ das Kl____d

①

1 Wörter mithilfe der vorgegebenen Buchstaben verschriften
2 Vokale rot nachspuren, Silbenbögen zeichnen
3 EINFÜHRUNG Lückenwörter durch Einsetzen von Ei/ei oder Eu/eu ergänzen, das passende Bild durch Nummerierung zuordnen

tz

Katze

1

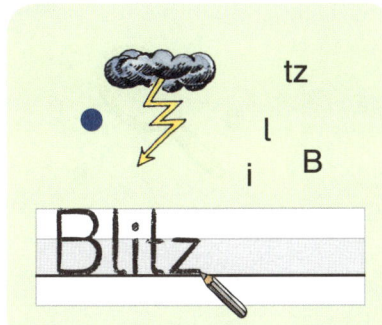

tz
l
i   B

Blitz

e
tz
N

K   a
e
tz

2 Was **tun** die Tobis? Schreibe immer den Satz fertig.

putzt   sitzen   repariert   flitzt   schwitzen   holt

Die Tobis sitzen im Freien.

Sie _____ bei der Hitze.

Opa _____ seine Brille.

Papa _____ ein Netz.

Ole _____ hinter einer Katze her.

Ela _____ ihren Schatz heraus.

1 Wörter mithilfe der vorgegebenen Buchstaben verschriften
2 EINFÜHRUNG Sätze mit passenden Verben aus dem Kasten ergänzen

Sp sp

© 2020 Cornelsen Verlag GmbH, Berlin. Alle Rechte vorbehalten.

1

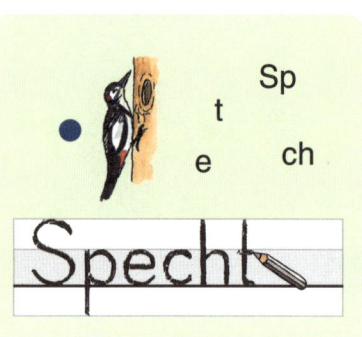

Sp t e ch

Specht

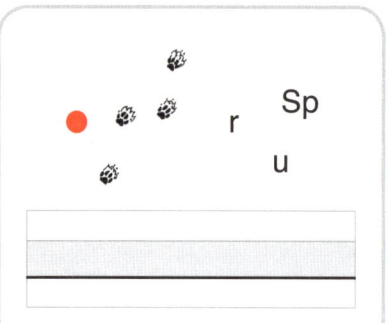

r Sp u

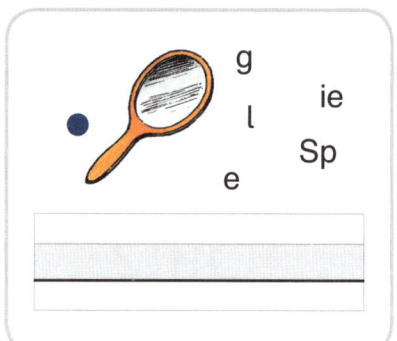

g l e ie Sp

2

Spure das **Sp** oder **sp** wie in  **blau** nach.

Spure das **Sp** oder **sp** wie in **schwarz** nach.

Spur   spielen   Knospe   Sport

Spiel   sparen   Sprache   lispeln

sprechen   Spiegel   spitz   Wespe

3

Hier stimmt etwas nicht.

Streiche in allen Zeilen das falsche Wort durch.

① **Specht** Spirale Spritze Spatz **Spalte** *Sponge* **Spinne**

② ~~springen~~ stehen **spechen** spielen staunen *sparen*

③ spitz spannend sportlich spat **sparsam** **spritzig**

1 Wörter mithilfe der vorgegebenen Buchstaben verschriften
2 Wörter nach dem Klang des Sp/sp abhören und in den angegebenen Farben nachspuren
3 EINFÜHRUNG Aufgabe gemäß der Anweisung durchführen

1 **Reime mit Sp**

Schatz

Spatz

Zange

Witze

Ziel

Ziegel

Rinne

 2 **Spiegel-Spuk**

Die Burg spiegelt sich

in einem See.

Mit dieser Burg

stimmt etwas nicht.

Im Spiegelbild

sind zehn Fehler.

Findest du sie?

Kreise alle Fehler ein.

1 EINFÜHRUNG mithilfe der Bilder zu den Wörtern passende Reimwörter finden und aufschreiben
2 Aufgabe gemäß der Anweisung durchführen (Lösungen: s. Handreichungen unter Einheit Sp/sp)
TEST 5 (Das kann ich schon)

Ö ö

Öl   Öffner

1

Töpfe Zöpfe

Möwe _____

Flöte _____

Hörner _____

2 Aus einigen **O/o** müssen **Ö/ö** werden.

rollen   löschen   storen   holen   bose

rodeln   hoflich   Hohle   Bohrer   Offnung

Konig   Honig   Ol   Glocke   Lowe

3 **Was passt wohin?**   ① Es blökt.   ② Er hört zu.

③ Er döst.   ④ Sie öffnet die 🚪 .

1   graue Buchstaben unter den Sternchen jeweils der rechten Abbildung entsprechend austauschen und neues Wort schreiben
2 und 3   EINFÜHRUNG Aufgabe gemäß der Anweisung durchführen

J j

1

d o
J u

Judo

ck e
a J

r t
u
o g
J

2

Jammer  Hammer ●

Hacke _____ ●

Zunge _____ ●

Jacht _____ ●

---

3 Beantworte die Fragen. Schreibe [**ja**] oder [**nein**] .

① Bist du jetzt in der Schule? _ja_

② Hat jeder Junge kurze Haare? _____

③ Hat Ela oft eine blaue Jacke an? _____

④ Gibt es Jogurt mit Erdbeeren? _____

1 Wörter mithilfe der vorgegebenen Buchstaben verschriften
2 graue Buchstaben unter den Sternchen jeweils der rechten Abbildung entsprechend austauschen und neues Wort schreiben
3 EINFÜHRUNG Aufgabe gemäß der Anweisung durchführen; DIFF eigene Fragen stellen und mit ja oder nein beantworten lassen – P/G

93

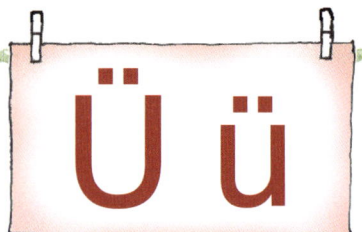

Tür

Schüssel

1 Tüte **2** Bürste **3** Schlüssel **4** Bügel

5 Gürtel **6** Rüssel **7** Gemüse **8** Füller

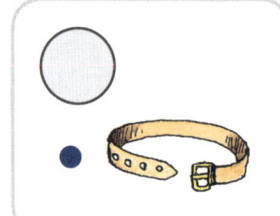

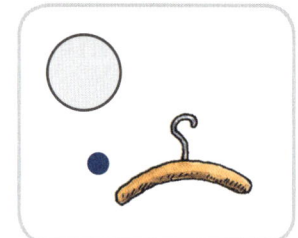

Aus **eins** mach **zwei.**

Kühe

Krug

Hut

Wurst

Aus einigen **U/u** müssen **Ü/ü** werden.

 Uhr    Küche   Butter   Wurst   Flugel

Tute   Gemuse   Hut   Gluck   Bus

Gurtel   Kuh   Huhn   Brucke   Wut

© 2020 Cornelsen Verlag GmbH, Berlin.
Alle Rechte vorbehalten.

1 Bilder den Wörtern durch Nummerierung zuordnen
2 EINFÜHRUNG jeweils ein zweites Bild zeichnen und aus dem Singular den Plural bilden (u → ü)
3 Aufgabe gemäß der Anweisung durchführen

1

ü

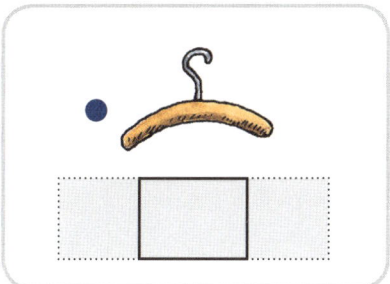

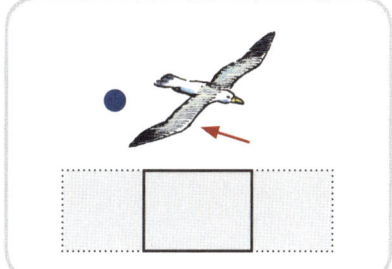

2

Eine Geschichte mit Lügen

Male die Kreise bei den Lügen
rot aus.
Male alle anderen Kreise
grün aus.

Papa wandert in die Wüste.

◯ Am Wegrand steht eine alte Mühle.

◯ Die Mühle hat fünf Flügel.

◯ Bei einer Hütte sieht Papa ein paar Hühner.

◯ Auf der Brücke geht ein dünner Kobold.

◯ Der Kobold hat eine grüne Mütze auf.

Überlegt gemeinsam!

1 Bildwörter nach dem Inlaut abhören; unter die Bilder, bei denen im Inlaut ein Ü/ü-Laut zu hören ist, den Buchstaben ü schreiben
2 EINFÜHRUNG Kreise vor den Sätzen gemäß der Anweisung rot bzw. grün anmalen – P

1 **Bücher**

Ela mag Bücher mit Elfen und Trollen.

Alo liest gern Bücher über Drachen.

Was liest du gern?

Mein Lieblingsbuch:

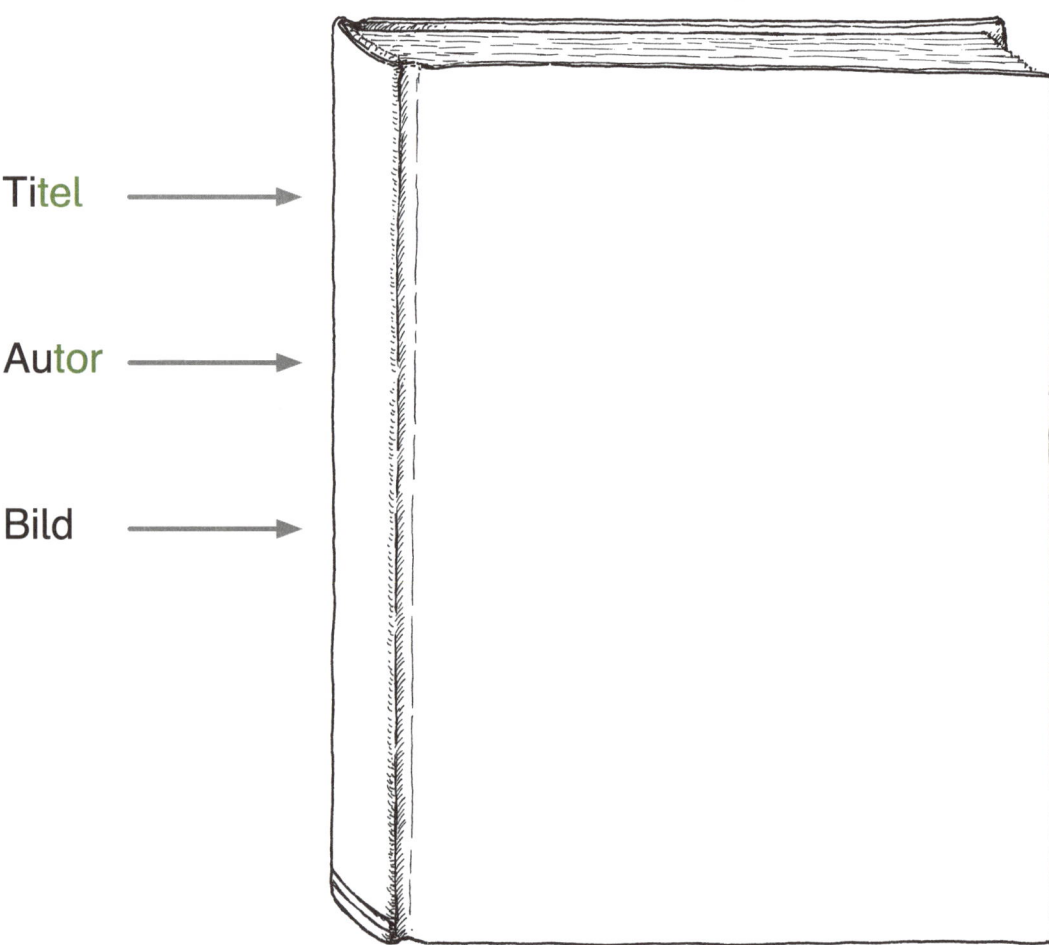

Titel →

Autor →

Bild →

Das Buch handelt von

1 EINFÜHRUNG zum Lieblingsbuch malen und schreiben; Buch in der Klasse vorstellen, sich über Lieblingsbücher in der Klasse austauschen – G

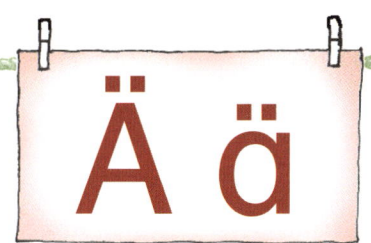

Käse

Äpfel

© 2020 Cornelsen Verlag GmbH, Berlin.
Alle Rechte vorbehalten.

 1 Aus **eins** mach **zwei.**

 Hände

Ast

Ball

Zahn

●

 2 **Ein Rätsel**

Zäh	chen 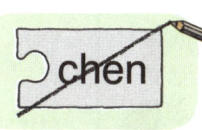
Bä	chen
Päck	cker
Mäd	ne

●

Ein kleines Paket ist ein **Päckchen**.

Brot und Brötchen backt der _____.

Alo ist ein Junge und Ela ist ein _____.

Mehr als zehn _____ sind in deinem Mund.

1 jeweils ein zweites Bild zeichnen und aus dem Singular den Plural bilden (a → ä)
2 Sätze ergänzen: zu den Sätzen passende Wörter aus den vorhandenen Silben bilden

97

1 Aus einigen **A/a** müssen **Ä/ä** werden.

Arm	Ärmel	Angst	angstlich
taglich	Tag	Hande	Hand
backen	Backer	warm	Warme

Was kann das sein?

2

Rätsel

Wenn du sie schälst,

gibt es Tränen.

Male sie.

Rätsel

Sie geht täglich auf

und unter.

Male sie.

3

M d
ä ch
e n

Mädchen

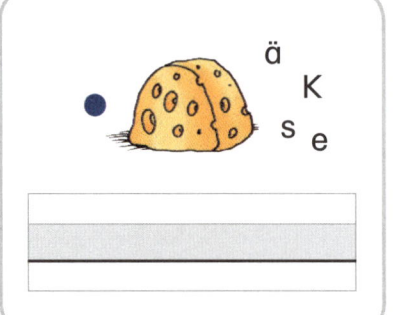

ä K
s e

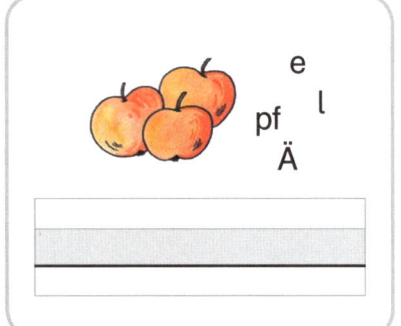

e
pf l
Ä

1 Aufgabe gemäß der Anweisung durchführen
2 EINFÜHRUNG Rätsel-Lösungen zeichnen – DIFF eigene Rätsel schreiben – P/G
3 Wörter mithilfe der vorgegebenen Buchstaben verschriften

Äu äu

1

eine	zwei		ein	zwei
Laus	Läuse		Traum	
Faust			Raum	

2 **Zwei Silben – ein Wort**

Säu · Räu · Läu · Kräu

ber · ter · le · fer

der Läufer

die

die

der

3 Aus einigen **au** müssen **äu** werden.

Gebäude   Baum   Bauer   haufig

Krauter   Laufer   Staub   Saule

Braut   Rauber   traumen   bauen

1 jeweils aus dem Singular den Plural bilden (au → äu)
2 zu den Bildern passende Wörter aus den vorhandenen Silben bilden und mit Artikel schreiben
3 Aufgabe gemäß der Anweisung durchführen

Qu qu

 1 Schreibe die Wörter mit **Qu** im Kasten farbig nach.

(1) **Quadrat** ✓

(2) **Quark**

(3) **Quirl**

(4) **Qualle**

(5) **Quelle**

Q	P	Q	U	I	R	L	E	T
U	Q	U	A	D	R	A	T	T
A	E	Q	M	Q	U	A	R	K
L	Q	U	E	L	T	E	P	U
L	W	I	Q	U	A	L	L	E
Q	U	E	L	L	E	Q	U	I

 2 Ordne die Wörter aus Aufgabe 1 den Bildern zu.

3 **Wer tut was?**

Der alte Ofen *qualmt* .

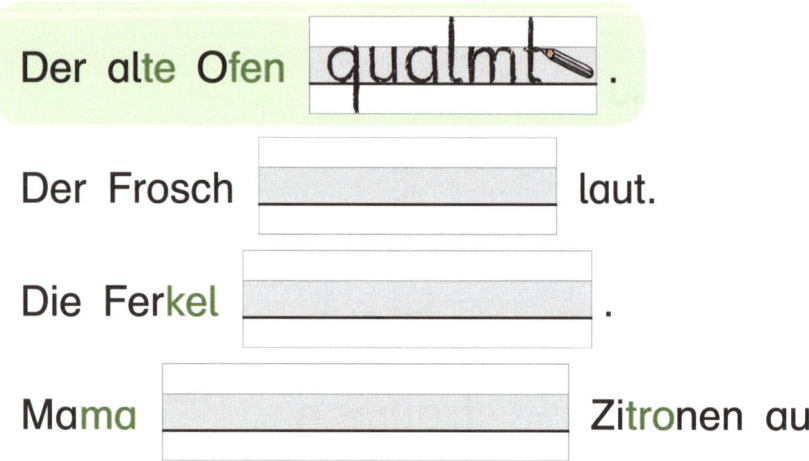

Der Frosch _____ laut.

Die Ferkel _____ .

Mama _____ Zitronen aus.

quieken

quakt

quetscht

~~qualmt~~

1 und 2 EINFÜHRUNG Aufgabe gemäß der Anweisung durchführen
3 Sätze mit passenden Verben aus dem Kasten ergänzen

V v

 1 Schreibe alle **V** und **v**, die wie **f** klingen, **blau** nach.

Schreibe alle **V** und **v**, die wie **w** klingen, **violett** nach.

Vase   Vogel   Vulkan   vier   Kurve

Vorsicht   Verkehr   viel   voll   Klavier

Verein   vor   Vorname   Vampir   Vater

2 ver **oder** vor **?**

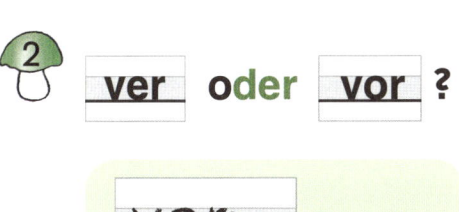
 kaufen   _____ suchen   _____ zeigen

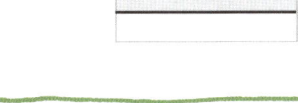 holen   _____ irren   _____ schlagen

3 Ordne den Wörtern die Bilder zu.

① der Vampir   ② das Klavier   ③ der Vogel

④ der Vater   ⑤ der Vulkan   ⑥ die Kurve

1 Wörter nach dem Klang des V/v abhören und in den angegebenen Farben nachspuren
2 Vorsilbe *ver* oder *vor* einsetzen
3 Bilder den Wörtern durch Nummerierung zuordnen

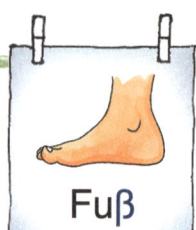

Fuß

1 **Wel**ch**es** Wort passt am bes**ten**?

rei

bei

gie

schie

ßen

reißen

2 **Was ist das bloß?**

2

Dieser Beutel wird heiß gemacht.

Diese Kugeln sind weich und süß.

Das ist ein Zahn, der nicht beißen kann.

Dieser Schuh ist nicht für die Füße gemacht.

1 zu den Bildern passende Verben aus den vorhandenen Silben bilden und schreiben
2 zu den Rätseln Lösungsbilder vom Klebebogen 2 suchen und passend aufkleben – P

X x

Hexe

 1

Hexe   Mixer   Axt   Taxi

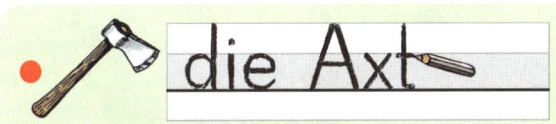

die Axt

 2

Was ist wahr?

⊗ Ein Lexikon ist ein dickes Buch.

◯ Mit einem Mixer kocht man Wasser.

◯ In vielen Märchen kommt eine Hexe vor.

◯ Boxer laufen um die Wette.

 3

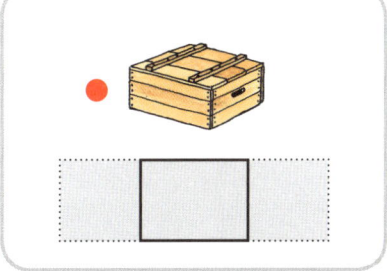

---

1 zu den Bildern passende Wörter finden und mit Artikel abschreiben
2 Aussagen prüfen und ankreuzen; DIFF eigene Aussagen finden und mit wahr oder nicht wahr beantworten lassen – P/G
3 Bildwörter nach dem Inlaut abhören, unter die Bilder, bei denen im Inlaut ein X/x-Laut zu hören ist, den Buchstaben x schreiben

1 Die kleine Hexe Lillifee

Die kleine Hexe Lillifee
eilt in die Hexenküche,
bereitet einen Hexenbrei,
spricht dazu Hexensprüche.

Hexenwasser, Feuersglut!
Koche Süppchen! Gut, gut, gut!

Der Mixer ist ein Besenstiel.
Sie rührt damit den Brei.
Der Rabe Max, die Katze Nix,
die eilen schnell herbei.

Rabe Max und Katze Nix,
kommt zum Essen, fix, fix, fix!

2 Unterstreiche im Text Wörter mit **x**. Schreibe die Wörter.

Hexe

1 EINFÜHRUNG Gedicht lesen, üben und vortragen – E/P/G
2 EINFÜHRUNG Aufgabe gemäß der Anweisung durchführen

C c

(1) der Clown **(2)** der Computer **(3)** die Cola

(4) der Cent **(5)** die Creme **(6)** die Couch

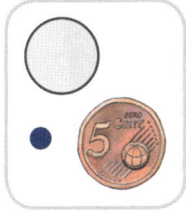     

2 Welches Bild von Aufgabe 1 passt?

Das ist eine Münze.   der Cent

Er bringt uns zum Lachen.

Das Getränk enthält viel Zucker.

3 Papa schreibt die Wörter, wie man sie spricht.
Schreibe sie richtig.

Klaun   Clown   Kautsch

Krem   Kompjuta

© 2020 Cornelsen Verlag GmbH, Berlin.
Alle Rechte vorbehalten.

1 Bilder den Wörtern durch Nummerierung zuordnen
2 zu den Aussagen passende Begriffe (aus Aufgabe 1) finden und mit Artikel abschreiben
3 zu der Lautschrift passende Wörter (aus Aufgabe 1) finden und abschreiben

Comic

Im Zirkus Carlino wurde einer Dame ein Diamantring gestohlen.
Kommissar Cornelius befragt einige Personen.

Clown Claudio ist aufgefallen,
weil er eine blaue Nase hat.

Carmen Caruso hat lila Lippen.
Sie liebt Schmuck über alles.

Der Messerwerfer mit der roten
Blume nennt sich Graf Dracula.

Ben hat einen Ring im Ohr.
Hat er auch den Diamantring?

Cornelius findet keine Spur.
Der Affe Coco begleitet ihn.

Am Ausgang stutzt Cornelius.
Was hat er entdeckt?

Cornelius hat

1 sinnerfassendes Lesen: Ergänzen der Bilder nach Angaben in den Texten;
   schriftliches Beantworten der letzten Frage (Was hat er entdeckt?)

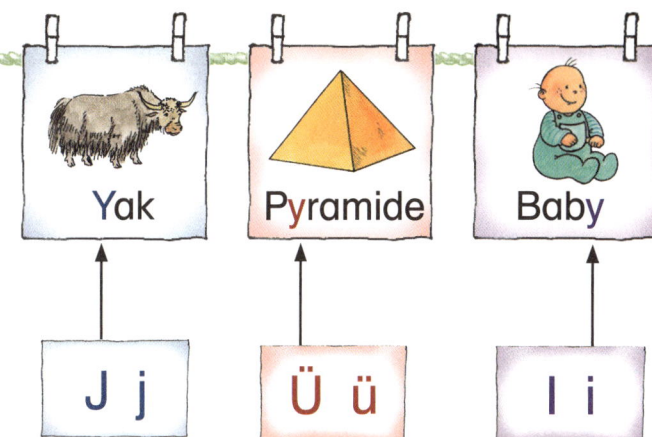

Yak Pyramide Baby

 1 **Y** und **y** können klingen wie:

J j Ü ü I i

Schreibe alle **y**, die wie **ü** klingen **rot** nach.

Schreibe alle **y**, die wie **i** klingen **lila** nach.

① Xylofon ② Pyramide ③ Baby

④ Handy ⑤ Gymnastik ⑥ Python

⑦ Pony ⑧ Teddy ⑨ Zylinder

 2 Ordne die Wörter aus Aufgabe 1 den Bildern zu.

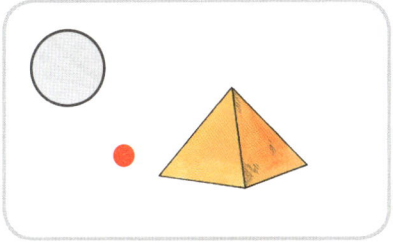 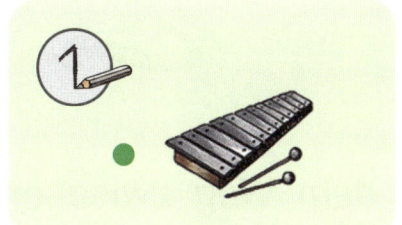 

1 Wörter nach dem Klang des Y/y abhören und in den angegebenen Farben nachspuren –P
2 Wörter (aus Aufgabe 1) den Bildern durch Nummerierung zuordnen

Das verflixte Labyrinth

1. Was liegt auf dem Weg zwischen der Gymnastik und dem Teddy? ein

2. Was liegt auf dem Weg zwischen der Pyramide und der Python?

3. Was liegt auf dem Weg zwischen dem Pony und dem Xylofon?

Tobi

Wortschatz

Cornelsen

Name ....

Wortschatz-Heft zum Heraustrennen

Häufige Wörter

A a
aber
acht
alle, alles
als
also
am
an
auch
auf
aus

B b
bald
bei
bis

D d
da
dann
das
dem
der
dich
die
diese
dir
doch
drei
du

E e
ein, eine
einmal
eins
er
es

F f
fünf
für

G g
ganz
gegen

H h
her
hinter

I i
ich
ihr, ihm
im
immer
in
ist

J j
ja
jetzt

M m
man
mein, meine
mir
mit

N n
nach
nein
neun
nicht
noch
nun
nur

O o
oder
ohne

S s
schon
sechs
sehr
sich
sie
sieben
sind
so

U u
über
um
und
uns

V v
viel
vier
von
vor

W w
wann
was
weg
weil
weiter
wenn
wer
wie
wieder
wir
wo

Z z
zehn
zu
zum
zwei

aber acht alle als …

Wie viele Wörter kannst du in einer Minute lesen?

8

A a

alt, älter
die **Ameise**, die Ameisen
antworten, er antwortet
der **Apfel**, die Äpfel
arbeiten, sie arbeitet
der **Arm**, die Arme
die **Aufgabe**, die Aufgaben
das **Auge**, die Augen
das **Auto**, die Autos

bringen, er bringt
das **Brot**, die Brote
der **Bruder**, die Brüder
das **Buch**, die Bücher
bunt

B b

das **Baby**, die Babys
backen, er backt
der **Ball**, die Bälle
die **Bank**, die Bänke
der **Baum**, die Bäume
das **Bein**, die Beine
die **Biene**, die Bienen
das **Bild**, die Bilder
die **Birne**, die Birnen
blau
bleiben, er bleibt
die **Blume**, die Blumen
die **Blüte**, die Blüten
böse
brauchen, sie braucht
braun

C c

der **Cent**, die Cents
der **Clown**, die Clowns
der **Computer**, die Computer

D d

das **Dach**, die Dächer
danken, sie dankt
denken, er denkt
dick
die **Dose**, die Dosen
dreckig, dreckige
dunkel
dürfen, sie darf

Fenster
Bruder

---

hier falten

T t

der **Tag**, die Tage
die **Tante**, die Tanten
die **Tasche**, die Taschen
die **Tasse**, die Tassen
der **Tisch**, die Tische
traurig, traurige
trinken, er trinkt
tun, sie tut
turnen, er turnt

der **Wald**, die Wälder
warm
warten, er wartet
das **Wasser**
der **Weg**, die Wege
weit
das **Wetter**
die **Wiese**, die Wiesen
der **Wind**, die Winde
der **Winter**
die **Woche**, die Wochen
der **Wolf**, die Wölfe
die **Wolke**, die Wolken
wollen, sie will
das **Wort**, die Wörter
wünschen, er wünscht
die **Wurzel**, die Wurzeln

U u

üben, sie übt
die **Uhr**, die Uhren
unten

W w

V v

die **Vase**, die Vasen
der **Vater**, die Väter
verkaufen, er verkauft
der **Vogel**, die Vögel

Z z

die **Zahl**, die Zahlen
zählen, er zählt
der **Zahn**, die Zähne
der **Zaun**, die Zäune
zeigen, sie zeigt
die **Zeit**, die Zeiten

Jahr
Fehler

G g

die **Gabel**, die Gabeln
der **Garten**, die Gärten
geben, er gibt
gehen, sie geht
gelb, gelbe
das **Geld**
das **Gemüse**
das **Glück**
das **Gras**, die Gräser
groß
grün
gut

E e

das **Ei**, die Eier
das **Eis**
das **Ende**, die Enden
endlich
eng
die **Ente**, die Enten
der **Esel**, die Esel
essen, er isst
die **Eule**, die Eulen
der **Euro**, die Euros

H h

das **Haar**, die Haare
haben, er hat
die **Hand**, die Hände
der **Hase**, die Hasen
das **Haus**, die Häuser
das **Heft**, die Hefte

F f

fahren, sie fährt
die **Familie**, die Familien
der **Fehler**, die Fehler
das **Fenster**, die Fenster
das **Fest**, die Feste
finden, er findet
der **Finger**, die Finger
der **Fisch**, die Fische
fragen, sie fragt
die **Frau**, die Frauen
der **Freund**, die Freunde
frisch
der **Fuchs**, die Füchse
der **Fuß**, die Füße

Glück
schmecken

hier falten

R r

der **Rabe**, die Raben
die **Raupe**, die Raupen
rechnen, sie rechnet
reden, er redet
der **Regen**
rennen, er rennt
reisen, sie reist
der **Ring**, die Ringe
rollen, er rollt
rot
rufen, sie ruft

die **Schwester**, die Schwestern
der **See**, die Seen
sehen, er sieht
die **Seife**, die Seifen
singen, sie singt
sitzen, er sitzt
sollen, sie soll
der **Sommer**
die **Sonne**
sparen, er spart
das **Spiel**, die Spiele
spielen, sie spielt
der **Sport**
sprechen, er spricht
springen, sie springt
staunen, er staunt
der **Stein**, die Steine
der **Stern**, die Sterne
der **Stift**, die Stifte
die **Straße**, die Straßen
die **Stunde**, die Stunden
suchen, sie sucht

S s

sagen, er sagt
der **Satz**, die Sätze
scheinen, sie scheint
schenken, er schenkt
die **Schere**, die Scheren
schlafen, sie schläft
schmecken, er schmeckt
der **Schnee**
schneiden, sie schneidet
schnell
schön
schreiben, er schreibt
die **Schule**, die Schulen
schwarz

essen
Sonne

Hund
Bild

heiß
helfen, er hilft
heute
die **Hexe**, die Hexen
der **Himmel**
hoch
holen, sie holt
die **Hose**, die Hosen
hören, er hört
der **Hund**, die Hunde
der **Hut**, die Hüte

I i

der **Igel**, die Igel
die **Insel**, die Inseln

J j
der **Jahr**, die Jahre
der **Junge**, die Jungen

K k

kalt
die **Katze**, die Katzen
die **Kerze**, die Kerzen
das **Kind**, die Kinder
die **Klasse**, die Klassen
das **Klavier**, die Klaviere
klein
kochen, er kocht
kommen, sie kommt
können, sie kann
der **Kopf**, die Köpfe
krank

L l

lachen, sie lacht
laufen, er läuft
laut
leben, sie lebt
legen, er legt
leicht
leise
lernen, sie lernt
lesen, er liest
die **Leute**
lieben, sie liebt
liegen, er liegt
der **Löwe**, die Löwen

die
liegen

M m

machen, er macht
das **Mädchen**, die Mädchen
das **Märchen**, die Märchen
der **Mai**
malen, sie malt
der **Mann**, die Männer
die **Maus**, die Mäuse
meinen, sie meint
die **Milch**
müssen, er muss
die **Mutter**, die Mütter

N n

der **Name**, die Namen
die **Nase**, die Nasen
neu
die **Nudel**, die Nudeln

O o

oben
das **Obst**
das **Ohr**, die Ohren
die **Oma**, die Omas
der **Onkel**, die Onkel
der **Opa**, die Opas

P p
das **Paket**, die Pakete
der **Partner**, die Partner
das **Pferd**, die Pferde
die **Pflanze**, die Pflanzen
der **Pilz**, die Pilze
das **Pony**, die Ponys

Qu qu

das **Quadrat**, die Quadrate
quaken, er quakt
der **Quatsch**
die **Quelle**, die Quellen
quer

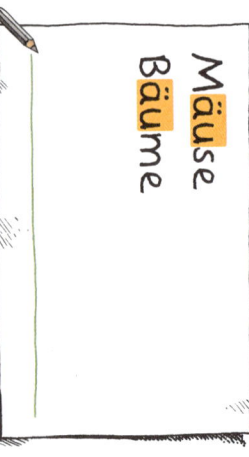

Mäuse
Bäume

hier
falten

zu Seite 15

zu Seite 17

zu Seite 33

zu Seite 47

zu Seite 50

zu Seite 81

zu Seite 102

Tobi **Klebebogen 2**

220047810

L l O o e e

© 2020 Cornelsen Verlag GmbH, Berlin

✂

E A a l l o

✂

p a a m

✂

M e P T e a

a i a o M e

nn pp tt

Tobi Klebebogen 1